Jean-Guy Michard est
paléontologue,
spécialiste des
dinosaures. Lauréat de
la fondation de la
Vocation en 1985, il
effectue plusieurs
expéditions en Afrique
avant de prendre la
responsabilité
scientifique de missions
en France.
Actuellement, son
thème principal de
recherche, à l'Institut de
paléontologie du
Museum National
d'Histoire Naturelle, est
l'étude de l'évolution et
de la diversification des
dinosaures carnivores,
avec la description du
plus petit d'entre eux,
Compsognathus. Il
consacre par ailleurs
une partie de son temps
à des conférences auprès
de jeunes scolaires.

A toi, Clément, mon
fils, puissent tes yeux
s'émerveiller toujours

1er dépôt légal: octobre 1989
Dépôt légal: septembre 1993
Numéro d'édition: 66559
ISBN 2. 07. 053087.6
Imprimé en Italie

LE MONDE PERDU
DES DINOSAURES

Jean-Guy Michard

DÉCOUVERTES GALLIMARD
SCIENCES

Loin de représenter un «échec de l'Evolution» comme il était écrit dans nos anciens manuels de sciences naturelles, le monde des dinosaures constitue une étape étonnante de la vie sur Terre. Répartis de manière encore provisoire en une trentaine de familles, leurs restes fossilisés ont été retrouvés en Europe, en Asie, en Afrique, en Amérique du Nord et du Sud, en Australie. S'il nous reste encore beaucoup à apprendre sur ces reptiles disparus, bon nombre d'idées fausses doivent d'ores et déjà être corrigées.

CHAPITRE PREMIER
ÉLOGE DE LA DIVERSITÉ

Faire revivre les dinosaures sous la forme de reconstitutions grandeur nature demande une bonne connaissance de leur anatomie. Cela peut aussi aboutir à d'audacieuses fictions.

Dans le bestiaire préhistorique, les dinosaures tiennent une place de choix. Disparus depuis des millions d'années, ils continuent de frapper l'imagination des enfants et, de manière plus inconsciente, celle des adultes. Mais rares sont ceux qui assimilent encore LE dinosaure à un monstre insolite, à l'aspect étrange et inquiétant, dont la stupidité n'aurait d'égale que la taille «démesurée». Au contraire, les 600 à 700 espèces actuellement connues fascinent grand public et spécialistes par la variété des formes et la diversité des adaptations que ces êtres ont développées tout au long de l'ère secondaire.

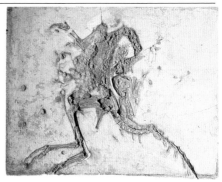

Le premier exemplaire du *Compsognathus* a été découvert en 1859 dans les carrières de calcaire lithographique près de Kelheim en Allemagne. Sa qualité de préservation remarquable est due à la finesse du sédiment.

Petits ou gigantesques, bipèdes ou quadrupèdes, carnivores ou herbivores, la variété a de quoi surprendre...

Si les plus gros animaux à avoir jamais foulé le sol de notre planète sont effectivement des dinosaures, tous n'étaient pas des géants. *Compsognathus*, un petit dinosaure bipède de la fin du Jurassique, était de la taille d'un coq. De la pointe du museau à l'extrémité de la queue, qu'il avait fort longue, ce petit carnivore ne dépassait guère 1m, pour un poids estimé à quelques kilos. A l'opposé, les gros herbivores quadrupèdes, tels que *Brachiosaurus*, représentent mieux l'idée classique que l'on se fait d'un dinosaure : 25 mètres de long pour 60 tonnes. Mais ce poids lourd n'est pas encore le détenteur du record en ce domaine. «Supersaurus» et surtout «Ultrasaurus», respectivement découverts en 1972 et en 1979, pulvériseraient tout ce qui était imaginable en matière de gigantisme. Bien qu'«Ultrasaurus» ne soit connu que par un membre antérieur, sa taille dépassait vraisemblablement 30 mètres et son poids est estimé à 135 tonnes. De quoi faire trembler le sol et l'imagination lorsque l'on sait qu'un éléphant adulte pèse en moyenne 5 tonnes. Entre ces deux extrêmes, les dinosaures ont développé une gamme incroyable de morphologies, depuis de lestes coureurs bipèdes, herbivores ou carnivores, de moins de 100 kilos, jusqu'à de lourds marcheurs quadrupèdes de plusieurs tonnes au corps hérissé de pointes osseuses ou d'autres à la face ornée de cornes redoutables. Une succession de formes qui s'échelonna durant la quasi-totalité de l'ère Secondaire.

Pendant les 150 millions d'années de leur règne, les dinosaures n'ont cessé d'évoluer

S'adaptant de manières très diverses aux contraintes de leur environnement, les derniers représentants n'avaient rien à voir avec les premiers. Les plus

Sur ce tableau fort ancien de Kühnert, il est difficile d'imaginer qu'un seul *Dryptosaurus* (baptisé *Laelaps* en 1866 par Cope, ce théropode fut renommé par Marsh en 1877, car le nom avait déjà été attribué à un insecte) puisse mettre à mal un géant tel qu'*Apatosaurus* (le vrai nom scientifique de *Brontosaurus*). Il semble aujourd'hui plus vraisemblable que les théropodes chassaient en meute, s'attaquant à des animaux isolés.

anciens fossiles de dinosaures remontent à la fin du
Trias, il y a environ 220 millions
d'années. Ces restes, peu nombreux
et très fragmentaires, ne permettent
pas encore aux scientifiques de se
faire une idée très précise de
l'origine exacte des deux
groupes alors principalement représentés, les
prosauropodes et les petits dinosaures
carnivores rassemblés sous le nom de
«cœlurosaures». Les prosauropodes s'éteignent très
vite, au début du Jurassique, sans doute balayés par
l'explosion de formes qui marqua cette période.
Mais il faudra encore   attendre le milieu de la
période géologique   suivante, le Crétacé, pour

qu'apparaissent certains groupes comme les hadrosaures ou les cératopsiens. Comme cela s'est répété tout au long de l'histoire de la vie, les nouveaux venus occuperont les niches écologiques de ceux qui disparaissent. Les dinosaures ne constituent donc pas une entité monobloc, mais un rayonnement de familles, à l'intérieur desquelles se succèdent aussi les genres et les espèces, et qui connurent des fortunes très diverses. Mais la fin du Crétacé, il y a 64,5 millions d'années, vit l'extinction totale de ceux qui méritèrent bien le surnom de «rois du Mésozoïque.»

La faune du Secondaire était riche et variée, mais les reptiles en étaient les maîtres incontestés

S'ils furent les rois, les dinosaures n'étaient pas les seuls animaux de l'ère Secondaire. Bien d'autres reptiles les ont côtoyés sur la terre ferme et certains sont encore bien représentés dans la nature actuelle sous des formes très peu différentes de leurs lointains ancêtres. C'est le cas des tortues et des crocodiles. En revanche, le Sphénodon, ne vivant plus aujourd'hui que sur quelques îlots de Nouvelle-Zélande, est le seul descendant d'un groupe de reptiles très abondant du Trias au Crétacé : les rhynchocéphales. Le ciel et les mers du Mésozoïque n'étaient pas vides. Souvent assimilés aux dinosaures, les reptiles volants ou ptérosaures représentent la première tentative des vertébrés dans la colonisation de l'espace aérien. Mais, à la différence des oiseaux au vol battu, la plupart d'entre eux se contentaient de planer.

Grâce aux fossiles de ptérosaures, les anatomistes ont su très tôt différencier ces animaux au corps poilu des oiseaux et des autres reptiles.

Sur cette peinture de Charles Knight, trois représentants de groupes zoologiques très différents cohabitent dans un paysage du Jurassique supérieur où dominent les cycadales; les dinosaures, avec un théropode de petite taille, *Compsognathus*, les oiseaux avec le plus ancien connu, *Archaeopteryx*, et les reptiles volants, avec *Rhamphorhynchus*.

Cette peinture de Mark Hallett met en scène les dinosaures du Crétacé inférieur d'Australie et permet de reconnaître quelques-uns des grands groupes. Au premier plan, un petit *Fulgurotherium*, et à sa droite deux *Muttaburrasaurus*, représentent les dinosaures bipèdes herbivores. Au second plan, trois dinosaures cuirassés, des ankylosauriens au doux nom de *Minmi*, sont avec les grands sauropodes de l'arrière-plan, les représentants des dinosaures quadrupèdes et herbivores. Enfin, deux carnivores aux griffes acérées et aux dents pointues, un carnosaure nommé *Rapator*, occupé à chasser deux reptiles volants qui lui disputent son repas et l'autre beaucoup plus gracile (au premier plan à gauche), un cœlurosaure, baptisé *Kakuru*, complètent le tableau.

Quant aux reptiles marins, différents groupes ont écumé les mers du Secondaire; les ichtyosaures au corps hydrodynamique, les plésiosaures dont la morphologie évoque plutôt «un serpent traversant une barrique», et les mosasaures aux redoutables mâchoires qui ne sont en fait que de gigantesques lézards adaptés à la vie aquatique. Insectes, crustacés, poissons, amphibiens composaient aussi la faune riche et variée de cette époque. Sans oublier les mammifères, descendants des reptiles mammaliens du Permien, qui vécurent à l'ombre des dinosaures, sous la forme de petits animaux de la taille d'une souris, attendant leur heure de gloire.

Essayons d'imaginer l'homme, non pas issu de la lignée mammalienne comme c'est le cas, mais d'un ancêtre dinosaurien

Si les dinosaures font partie intégrante de la science-fiction avec parfois bien des incohérences, les choses prennent un tout autre aspect lorsque les scientifiques s'en mêlent. Quelle aurait pu être leur évolution s'ils n'avaient pas disparu à jamais de la

Les reptiles marins de l'ère Mésozoïque sont très fréquemment assimilés aux dinosaures. Pourtant, les paléontologues ont su très tôt les différencier grâce à des caractères anatomiques bien particuliers. Le combat entre l'ichtyosaure et le plésiosaure fut l'un des thèmes de prédilection des illustrateurs du XIXe et du début du XXe siècle. Les protagonistes, affublés de caractères plus ou moins imaginaires, tels que crêtes, langues fourchues ou yeux globuleux, donnent l'impression de férocité et de cruauté qui sied aux monstres de la préhistoire.

surface de la Terre, il y a 64,5 millions d'années? En 1982, deux scientifiques, D.A. Russell et R. Séguin, se sont livrés à une curieuse expérience. Ils utilisèrent comme base de travail la reconstitution d'un petit dinosaure carnivore, *Stenonychosaurus*, découvert dans le Crétacé supérieur de l'Alberta. Un volumineux cerveau, des yeux dirigés partiellement vers l'avant lui donnant une vision stéréoscopique, une démarche bipède et des mains préhensiles constituaient déjà chez cet animal un ensemble de caractères très évolués. En imaginant son évolution possible jusqu'à atteindre un coefficient d'encéphalisation comparable à celui d'un *Homo sapiens*, les auteurs ont donné naissance à un être hypothétique baptisé «dinosauroïde», tout en justifiant scientifiquement ses caractéristiques physiques. Heureusement, ou malheureusement, plus de 60 millions d'années séparent le dernier dinosaure du premier homme.

Venu du fond des âges, le Sphénodon est aujourd'hui un animal en voie de disparition dont les ancêtres côtoyèrent les dinosaures. Cantonnée aux îlots du détroit de Cook, cette espèce relique creuse ses propres terriers ou utilise ceux des Pétrels, et se nourrit de petits invertébrés.

Cet étrange regard émanant de la pupille reptilienne du dinosauroïde semble nous renvoyer nos propres interrogations sur les hasards de l'évolution. Cet homme dinosaure, personnage entièrement fictif, est, malgré les apparences, le résultat d'un raisonnement scientifique, certes poussé à l'extrême, allié à un sens certain de l'imaginaire, prouvant que les paléontologues savent conjuguer sérieux et fantaisie.

L' homme a toujours été intrigué par les pierres aux formes insolites. Coquilles et ossements fossiles attirent déjà l'attention des savants grecs, mais l'origine organique de ces pétrifications sera généralement écartée au profit des hypothèses les plus diverses.
«La terre produit des os et il est des pierres osseuses...»

Théophraste de Lesbos,
372-287 av. J.-C.

CHAPITRE II
A LA RECHERCHE D'UNE IDENTITÉ

Pour parvenir à la reconstitution d'un dinosaure comme celle de cet *Iguanodon* (à gauche), l'homme doit d'abord savoir décrypter les archives de la Terre : chercher et exhumer les restes de ces gigantesques reptiles n'est qu'un des aspects du travail des paléontologues dont la mission principale est de comprendre qui étaient ces créatures.

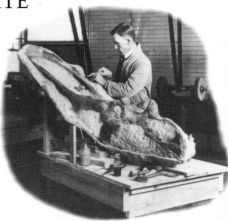

L'obscurantisme imposé par les croyances religieuses va, pendant des siècles, interdire à l'homme de se forger une idée scientifique cohérente du monde qui l'a précédé. Pour ne pas déranger l'ordre établi de la Création, les ossements fossiles qui pouvaient être accidentellement découverts seront longtemps considérés comme de simples jeux de la nature : les dinosaures n'échappent pas à la règle.

Il faut attendre la fin du XVIIe siècle pour qu'apparaisse la première mention de ce qui était sans doute un os de dinosaure

En 1677, le naturaliste anglais Robert Plot décrit et représente, dans sa *Natural History of Oxford shire*, ce qu'il identifie de façon remarquablement juste comme l'extrémité inférieure d'un fémur de grande taille fossilisé. Plot y voit d'abord un os d'éléphant, puis de géant. En 1763, R. Brooks reprend les conclusions de Plot, et conformément à la nomenclature zoologique de Linné, en usage depuis quelques années, donne un nom scientifique à la pièce par référence à sa forme : *Scrotum humanum*.

Cinq ans après, nouvelle hypothèse sous la plume de Jean-François Robinet, «philosophe» français dont les idées scientifiques soulèvent de nombreuses

Dans toutes les civilisations, dragons, monstres, chimères et autres animaux mythiques sont venus hanter les imaginations. Mais les grands dragons européens, crachant le feu et portant griffes, ailes ou épines, résistent mal à l'avancée des sciences du XVIIe siècle. Ils sont alors remplacés dans les récits des explorateurs par des animaux composites moins effrayants, plus «vraisemblables» comme ceux représentés dans le recueil d'Antoine Tempesta en 1636. Il faudra encore du temps pour que l'homme trouve ses vrais dragons, les dinosaures, dont la variété supplantera les mythologies les plus cauchemardesques.

polémiques. Pour ce dernier, on a affaire à un véritable scrotum pétrifié, témoin des essais de modelage successifs de la Nature en vue de la réalisation d'un «type humain idéal». Ce fossile, malheureusement perdu aujourd'hui, provenait vraisemblablement d'un grand dinosaure carnivore de la famille des Mégalosauridés. Témoin de la lente évolution de la science, ce fragment aura dû attendre trois siècles après sa découverte pour être enfin correctement identifié.

Dicquemare, Bachelet, Cuvier et les dinosaures de Normandie

La récolte d'organismes marins, source inépuisable de curiosités scientifiques, attire déjà, en cette seconde moitié du XVIIIe siècle, beaucoup de monde sur le littoral français. Surtout sur les plages de Normandie, où certaines couches géologiques découvertes lors des basses mers livrent d'étranges pétrifications. C'est le cas des falaises des Vaches Noires, bordant le pays d'Auge entre les embouchures de la Dives et de la Touques. L'abbé Jacques-François Dicquemare, naturaliste havrais, cherche, trouve et ramasse. Bien mieux, il comprend : «...Il ne me fut pas difficile de remarquer que chaque morceau avait une enveloppe d'un tissu différent de celui du centre; j'y reconnus l'apparence de l'os...»

À l'époque de la parution de l'ouvrage de Robert Plot, la notion même de dinosaure n'existe pas encore, et les ossements fossiles de grande taille, lorsqu'ils ne sont pas considérés comme des restes de géants, sont rarement décrits avec précision.

Lorsqu'en 1776, Dicquemare donne la description de ses fossiles dans le *Journal de Physique*, il adopte une attitude scientifique très rigoureuse pour l'époque en s'abstenant de toute attribution hasardeuse. Il dessine même certaines pièces. En fait, la plupart proviennent de crocodiles, de plésiosaures ou d'ichtyosaures. Cependant, un grand fémur minutieusement décrit semble pouvoir être attribué à un dinosaure.

Un autre personnage important, Georges Cuvier, précepteur chez le comte d'Héricy, fréquentera la Normandie de 1788 à 1795, avant de venir enseigner à Paris. A cette époque, il ne s'intéresse pas encore aux vertébrés fossiles et n'en récolte pas. Les vertèbres de reptiles mésozoïques qu'il mentionne

Les falaises de Normandie sont un des hauts lieux de la paléontologie française. Les couches fossilifères ayant livré quantité de restes de vertébrés du Jurassique supérieur sont situées à la base des formations de craie et ne sont plus que très rarement accessibles de nos jours du fait de l'ensablement. Quelques heures par an, lors des marées basses d'amplitude exceptionnelle, amateurs et scientifiques sont toujours nombreux à espérer récolter des os fossiles.

dans une note scientifique datée de 1800 proviennent d'une collection transférée à Paris, au Muséum d'Histoire Naturelle, après la mort de son propriétaire, un ecclésiastique naturaliste, l'abbé Bachelet, de Rouen, qui a effectué ses récoltes dans la région de Honfleur.

En 1808, Cuvier représente ces vertèbres qu'il attribue à deux espèces différentes de crocodiles inconnus, non sans remarquer que certaines de ces pièces présentent des caractères anatomiques assez particuliers. De fait, si une partie de ces fossiles provient bien d'un crocodile, Cuvier vient aussi de décrire et de figurer les restes d'un dinosaure carnivore; il ne le sait pas encore.

De l'autre côté de l'Atlantique, ils sont aussi au rendez-vous. Toujours sous une fausse identité

En Amérique du Nord, des ossements ont sûrement été exhumés depuis longtemps, mais les premiers témoignages écrits dignes de foi datent de la fin du XVIIIe siècle. En 1787, la découverte d'un «os de géant» dans le New Jersey sera mentionnée par Caspar Wistar et Timothy Matlack à l'American Philosophical Society de Philadelphie.
En 1806, William Clark, lors de l'exploration du cours supérieur du Missouri, note sur le journal de l'expédition la découverte d'une gigantesque «côte de poisson» en partie incluse dans la roche, le long des berges de la Yellowstone River, dans le Montana.

Géants ou poissons? Les os du New Jersey et ceux de Montana, du fait de leur taille et de leur provenance, étaient vraisemblablement ceux de dinosaures. En effet, les gisements de ces régions sont maintenant célèbres pour les os de reptiles secondaires qu'ils ont livrés, depuis plus d'un siècle.

Ce n'est qu'après 1818, année de sa deuxième rencontre avec Buckland en Angleterre, que Cuvier fera dans la seconde édition des *Recherches sur les ossements fossiles* (1824) un rapprochement entre les restes du Mégalosaure anglais et les vertèbres de Honfleur. Von Meyer leur donnera pour nom *Streptospondylus* en 1832.

C'est en Angleterre que le premier dinosaure sera officiellement décrit et nommé, «Megalosaurus», le grand reptile

Ce terme apparaît pour la première fois en 1822 sous la plume de James Parkinson. S'il a su décrire la maladie du système nerveux qui porte son nom, Parkinson publia le terme *Megalosaurus* sans faire la description du matériel sur lequel il fondait ce nouveau genre. De ce fait, *Megalosaurus* n'avait pas d'existence scientifique véritable. C'est seulement deux ans plus tard que le «grand reptile» réussira son entrée sur la scène de la paléontologie. Dean William Buckland, professeur à l'université d'Oxford, publie la description détaillée d'ossements fossiles qu'il a collectés depuis plusieurs années à Stonesfield, près d'Oxford. Buckland attribue fort

justement ces restes à un reptile carnivore, de taille gigantesque, dont on ne connaît aucune espèce équivalente vivante.

Ce premier dinosaure ne restera pas longtemps seul car à la même époque, toujours en Angleterre, un autre reptile tout aussi étrange est en train de ressusciter.

Gideon Mantell et «Iguanodon», l'affaire de la prétendue interprétation qu'en fit Cuvier

Derrière Gideon Mantell, le médecin de campagne de la région de Lewes (Sussex), se cache un amateur passionné de fossiles. En 1822, lors d'une visite chez un malade, son épouse restée à l'extérieur découvre une curieuse dent parmi les pierres d'un remblai. Pour Mantell, c'est une dent fossilisée très ancienne, mais qui ne ressemble *a priori* à rien de connu. Elle est assez usée et ne provoque guère l'enthousiasme des spécialistes

Les toutes premières représentations (à droite) d'*Iguanodon* et de *Mégalosaurus* sont bien différentes de celles d'aujourd'hui. Leur anatomie osseuse, alors incomplètement connue, est calquée sur celle des reptiles actuels. *Iguanodon* est identifié à un iguane de taille démesurée tandis que *Megalosaurus* est assimilé à un varan monstrueux.

❝ Avec des dents ainsi construites, chaque mouvement des mâchoires (du Mégalosaure) produit l'effet combiné d'un couteau et d'une scie, en même temps que le sommet opère une première incision comme le ferait la pointe d'un sabre à double tranchant. La courbure en arrière (...) rend toute fuite impossible à la proie une fois saisie, de la même manière que les barbes d'une flèche rendent son retour impraticable. Nous retrouvons donc ici les mêmes arrangements que l'habileté humaine a mis en œuvre dans la fabrication de plusieurs instruments. ❞
(Buckland, *in* Figuier, 1874)

à qui il la montre. Il faut en trouver
d'autres. Heureusement, Mantell connaît
bien la région pour la parcourir en se
rendant au chevet de ses malades. Il
localise le sédiment contenant la dent et,
au cours de l'été 1822, d'autres dents
entrent en sa possession grâce à des
arrangements pécuniaires avec les carriers
de la forêt de Tilgate.

Mais les éminents scientifiques anglais
de la Geological Society de Londres
continuent à ne voir dans ces fossiles que
du poisson ou du mammifère récent.
Mantell s'acharne. Il fait parvenir ses
trouvailles à Georges Cuvier, avec qui il
correspond depuis 1821. Selon certains, le
grand anatomiste français aurait diagnostiqué...
du rhinocéros! En fait, il émet l'hypothèse qu'il s'agit
d'un grand reptile herbivore inconnu.

Finalement, c'est un chercheur nommé Samuel
Stutchbury qui donne la clé de l'énigme. Les dents
qui ont posé tant de problèmes à Mantell ressemblent
tout à fait, en plus grand, à celles de l'iguane. Il s'agit
bien d'une dent de reptile fossilisé; Mantell le
pressentait et Cuvier ne s'était pas trompé.

Pour justifier le nom
et la place
d'*Iguanodon* parmi les
reptiles, face au
scepticisme ambiant,
Mantell fera dessiner
sur la même planche
les dents de l'iguane et
celles, fossilisées, qu'il
a découvertes depuis
1822.

WEALDEN FORMATION. 1 & 2, IGUANODON. 3, HYLÆOSAURUS

Quoi de plus spectaculaire pour le grand public du milieu de siècle dernier que de voir resurgir dinosaures et autres animaux préhistoriques, sinon en chair et en os, du moins en reconstitutions grandeur nature? Ainsi raisonne Richard Owen lorsqu'il expose son projet au sculpteur et peintre Waterhouse Hawkins. Dans l'atelier de ce dernier des tonnes de briques, de ciment, de bois et de ferrailles diverses seront assemblées pendant des années sous la direction scientifique d'Owen. Pour fêter l'achèvement des sculptures, Owen convia 20 personnalités le 31 décembre 1853, lors d'un vernissage pour le moins original. Le banquet réunit les convives autour d'une table dressée dans le ventre d'un *Iguanodon*. L'exposition installée dans le parc de Sydenham, près de Londres, où fut transporté l'immense Crystal Palace sur ordre de la reine Victoria, eut un impact formidable sur le public. Ces reconstitutions se révélèrent par la suite complètement inexactes, mais elles sont demeurées en place, témoin du premier essai de vulgarisation scientifique sur les dinosaures.

C'est ainsi qu'en 1825, le deuxième dinosaure scientifiquement nommé entre en scène, *Iguanodon*. Mais avec son pouce fiché au bout du nez en guise de corne, il n'avait pas encore sa physionomie actuelle.

De bien curieux reptiles qui justifient la création d'un groupe zoologique distinct

Seize ans après la description d'*Iguanodon*, on a identifié et scientifiquement nommé neuf genres de grands reptiles terrestres de l'ère secondaire. Certes, ce sont des reptiles de grande taille, mais des reptiles quand même qui méritent de former un groupe zoologique à part entière. C'est, du moins, ce que pense Richard Owen, en effectuant la révision des reptiles fossiles des îles britanniques. Bon anatomiste, Owen comprend en effet que ces animaux disparus

dont il compare les restes aux reptiles actuels diffèrent de ces derniers par bon nombre de caractères.

R ichard Owen (1804-1892), médecin et paléontologue de génie, ne s'intéressa pas seulement aux dinosaures : il était capable de discourir sur n'importe quel vertébré fossile, ici un oiseau de Nouvelle-Zélande.

En 1841, lors de la réunion, à Plymouth, de l'Association britannique pour l'avancement des sciences, il prononce l'acte de baptême des rois du Mésozoïque. Associant les racines grecques *deinos* (terrible) et *sauros* (lézard, au sens plus général de reptile), il les regroupe sous le terme «Dinosauria», publié pour la première fois l'année suivante. C'est sans doute le terme scientifique qui a exercé la plus grande fascination sur l'esprit des hommes depuis cent cinquante ans.

Une conquête de l'Ouest d'un type particulier pour un scientifique tel que F.V. Hayden

Une grande partie du territoire nord-américain constitue encore, au milieu du XIXe siècle, un monde à explorer. Dès 1855, le paléontologue F.V. Hayden parcourt inlassablement les régions situées à l'ouest du Mississippi et récolte notamment, sur le territoire du futur Etat du Montana, plusieurs dents fossilisées qui lui paraissent assez étranges pour mériter une analyse. L'année suivante, un paléontologue de Philadelphie, Joseph Leidy, les identifie comme des dents de dinosaures.

C ette scène du Crétacé supérieur nord–américain est l'une des peintures les plus célèbres de Zdenék Burian. Il est même possible de dater plus précisément l'action : les trois genres de dinosaures représentés, *Trachodon (Anatosaurus)* à gauche, *Tyrannosaurus* au centre et *Stuthiomimus* à droite, n'auraient coexisté que pendant une courte période, il y a 70 millions d'années. «L'apparition d'un *Tyrannosaurus* causait un grand effroi et une véritable panique parmi les autres dinosauriens. Les uns cherchaient refuge dans les marécages (les Trachodons, par exemple), les autres s'enfuyaient terrorisés, loin de l'endroit dangereux, comme les dinosauriens du genre *Struthiomimus* qui ressemblaient à des autruches déplumées. Il est impossible de résister à ce féroce carnivore !» (Augusta et Burian, 1959). Mais de nombreux spécialistes s'accordent aujourd'hui sur le mode de vie probable de *Tyrannosaurus*, sans doute plus charognard que prédateur.

A cette époque, l'Europe servait encore de modèle aux Etats-Unis, même en paléontologie; aussi certaines dents sont attribuées à un dinosaure herbivore «proche» d'*Iguanodon*, d'autres, à un carnivore «proche» de *Megalosaurus*, que Leidy nomme respectivement *Trachodon* et *Deinodon*.

Marsh est né dans l'Etat de New York en 1831 au sein d'une famille assez modeste. Ce n'est qu'à partir de 21 ans que la fortune immense de son oncle Georges Peabody lui permettra de suivre des études à Yale College dont il deviendra professeur. Par tous les temps, son équipe manie la pioche d'une main et la carabine de l'autre; contre les Indiens en principe, mais on est prêt à s'en servir pour éloigner les rivaux trop curieux!

Leidy et Hadrosaurus : la première description scientifique d'un dinosaure nord-américain

En 1858, W. Parker Foulke, membre éminent de l'Académie des Sciences de Philadelphie, séjourne à Haddonfield, dans le New Jersey. L'un de ses voisins, John E. Hopkins, a trouvé sur ses terres, une vingtaine d'années auparavant, de curieuses vertèbres fossilisées qu'il a distribuées à des amis de passage. Hopkins retrouve l'endroit de la découverte et autorise Foulke à pratiquer des fouilles. De gros ossements sont alors mis à jour, et Leidy, encore lui, va révéler au monde scientifique le premier squelette partiel de dinosaure américain, *Hadrosaurus*. Il ne se contente pas simplement de décrire les os et de nommer l'animal, il définit sa posture et son mode de vie. Cette fois-ci, Leidy s'écarte du modèle européen d'Owen, et, dans sa perspicacité, comprend qu'*Hadrosaurus* était bipède. En revanche, après plus d'un siècle de controverses, le mode de vie amphibie qu'il lui assigne est un point de vue aujourd'hui abandonné. Leidy n'en aura pas moins été l'un des premiers à faire revivre un dinosaure.

Le rythme des découvertes allait s'accélérer de façon prodigieuse en Amérique du Nord grâce à la rivalité opposant O. C. Marsh et E. D. Cope

Deux hommes très différents, avec une même obsession : être le premier à trouver et à décrire de nouveaux fossiles, Othniel Charles Marsh et Edward Drinker Cope, consacreront leur vie et leur fortune à l'assouvissement de leur passion.

Leurs relations sont dans un premier temps cordiales, bien que chacun voie en l'autre un rival potentiel. L'incident décisif se produira en 1870, lorsque Cope montre à son collègue le squelette d'un plésiosaure qu'il a décrit quelques années auparavant. Marsh l'examine et fait remarquer au brillant Cope que la tête de l'animal est placée... au bout de la queue. La fierté de Cope ne s'en remettra jamais. Chacun des rivaux va développer un

Cope voit le jour en 1840, près de Philadelphie. De famille aisée, il est brillant et sûr de lui. Il publie sa première note scientifique à 18 ans et en aura rédigé le nombre incroyable de 1400 à la fin de sa vie. Sa fortune sera engloutie dans la chasse aux dinosaures.

Le radeau de Barnum Brow lui permet de prospecter très efficacement des centaines de kilomètres de berges. Sternberg fera de même en 1913, sans provoquer la jalousie de Brown qui estimait à juste titre que la région était assez riche pour deux équipes. Plusieurs centaines de crânes et de squelettes de théropodes, de cératopsiens et d'hadrosaures furent ainsi mis à jour.

réseau d'informateurs, de prospecteurs, et entretenir des équipes de fouilleurs afin d'être le premier «sur le coup». La guerre du dinosaure atteint son paroxysme avec la découverte, par deux ouvriers de l'Union Pacific Railroad, d'un fabuleux gisement, Como Bluff, dans le Wyoming. Marsh fera exploiter ce gisement d'une manière forcenée pendant plus de dix ans.

Cette quête fanatique ne prendra fin qu'à la mort des protagonistes, en 1897 pour Cope, en 1899 pour Marsh. Les deux ennemis vont décrire plus de cent trente espèces de dinosaures et réunir de fabuleuses collections provenant de plusieurs Etats de l'Ouest.

Barnum Brown cherche les dinosaures au fil de l'eau pendant que Charles Sternberg collectionne les momies

La mort de Marsh et de Cope n'interrompt pas les recherches. De prestigieux chasseurs de fossiles prennent la relève. Au début du siècle, Charles Hazelius Sternberg, qui fut jadis l'assistant de Cope, mène des missions pour son propre compte dans l'Alberta, le Kansas, le Montana, le Wyoming, avec l'aide de ses trois fils. L'année 1908 leur sera

Ces empreintes de peau de dinosaure (en haut, à droite), sont rares et les momies complètes sont exceptionnelles. Il a fallu des conditions climatiques arides pour que le cadavre de cet *Anatosaurus* se modifie naturellement avant d'être recouvert par le sable. Page de droite en bas, deux grandes figures de la paléontologie, H.P. Osborn et B.Brown taquinent le Diplodocus dans le Wyoming en 1897.

particulièrement faste, puisqu'au cours de la
campagne estivale de fouilles, ils découvrent dans le
Wyoming le premier spécimen de dinosaure ayant
conservé l'empreinte de la peau, véritable «momie»
fossilisée. Deux ans plus tard, ils en trouveront un
autre exemplaire à peu près au même endroit.
Pendant ce temps, en 1910, Barnum Brown prospecte
le long des berges de la Red Deer River, du Montana à
l'Alberta, en se laissant porter par le courant sur une
grande barge aménagée lui servant à la fois de
campement et de laboratoire. L'expédition est un
succès, et les nombreux restes de dinosaures
recueillis incitent Brown à recourir à cette méthode
plusieurs années de suite, malgré le désagrément de
milliers de moustiques!

Un troupeau d'ornithopodes bouscule les théories paléontologiques

La vieille Europe ne connaît pas une telle
effervescence mais les découvertes
s'accumulent. En avril 1878, Bernissart,

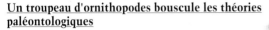

petite ville minière de Belgique, est propulsée sur l'avant-scène de la paléontologie.

Des mineurs, travaillant par 322 m de profondeur dans le puits de Sainte-Barbe, rencontrent une poche d'argile contenant des ossements fossiles. Ce n'est pas la première fois que les ouvriers trouvent des os ou des plantes fossiles, mais cette fois la densité en est étonnante. Ils viennent d'ailleurs de traverser de part en part un squelette de grand reptile. La direction de la mine alerte immédiatement ce qui était alors le Musée d'Histoire Naturelle de Belgique et plus d'une trentaine de squelettes d'*Iguanodon*, ainsi que de nombreux autres fossiles, seront exhumés sous la direction de Louis de Pauw, ingénieur du musée, puis décrits et étudiés par Louis Dollo.

A quel danger tentent d'échapper ces deux *Iguanodon* dans cette fuite éperdue? Pour expliquer la quantité de squelettes trouvés à Bernissart, l'hypothèse du troupeau échappant aux prédateurs en se précipitant dans le vide est aujourd'hui rejetée au profit de l'hypothèse d'une accumulation plus lente.

S i les fouilles à ciel ouvert s'effectuent parfois dans des conditions pénibles, que dire de l'exhumation de dizaines de tonnes d'ossements de dinosaures depuis le fond d'une mine? Mais avant tout déplacement, des plans très précis de la disposition des os furent levés, afin de pouvoir les assembler correctement au laboratoire. Ce dessin, exécuté en 1882 par G. Lavalette, montre un *Iguanodon* tel qu'il se trouvait en place dans le gisement. La qualité extraordinaire de l'œuvre de cet artiste contribua à rendre célèbres «les *Iguanodons* de Bernissart» au même titre que les travaux de L. de Pauw ou ceux de L. Dollo.

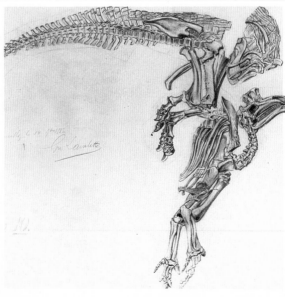

La restauration et le montage des *Dinosaures* de Bernissart demanda de très nombreuses années, d'autant plus qu'il fallut «soigner» les ossements atteints du «mal de la pyrite». Il s'agit d'une altération physico-chimique du sulfure de fer contenu dans ces ossements fossiles qui provoque leur lente désintégration au contact de l'air. Plusieurs types de traitements furent mis en œuvre avant de pouvoir stabiliser la maladie sournoise qui rongeait les fossiles, et aujourd'hui encore les squelettes sont présentés à l'Institut royal des Sciences naturelles de Belgique dans d'immenses vitrines à l'hygrométrie et à la température rigoureusement contrôlées. Ce tableau montre le premier exemplaire d'*Iguanodon bernissartensis* en cours d'assemblage dans la chapelle Saint-Georges, près de la place Royale à Bruxelles, qui servait d'atelier de montage. Ce troupeau de dinosaures a permis au paléontologue Louis Dollo de préciser l'anatomie et la biologie d'*Iguanodon* à travers un grand nombre de notes scientifiques auxquelles se réfèrent toujours actuellement les spécialistes.

Au début du XXe siècle, les chercheurs se tournent vers l'Afrique et l'Asie

D'autres continents vont à leur tour révéler d'extraordinaires trésors. De gigantesques ossements fossiles seront découverts en 1907 à Tendaguru, en Afrique orientale allemande, aujourd'hui la Tanzanie. De 1908 à 1912, Edwin Hennig et Werner Janensch du Muséum d'Histoire Naturelle de Berlin, exploiteront ce riche gisement qui livrera les restes des grands sauropodes de la famille des Brachiosauridés et ceux d'un petit stégosaurien, *Kentrosaurus*. Puis l'Asie attire à son tour les paléontologues. Le désert de Gobi, en Mongolie, reste célèbre pour les œufs et les nids de *Protoceratops*, ainsi que pour la quantité de squelettes de différents dinosaures qui y seront récoltés dès les premières missions de l'American Museum of Natural History, de 1922 à 1925. Les expéditions soviétiques de 1946 et 1948, ainsi que les missions russo-mongoles puis polono-mongoles des années soixante et soixante-dix, contribueront à faire du désert de Gobi un nouvel éden pour chasseurs de dinosaures.

Mais c'est surtout la Chine, pays des dragons, qui va, dans la seconde moitié du XXe siècle révéler au monde une faune riche et variée de dinosaures. Après quelques expéditions russes (1915-1917), les Chinois prendront effectivement la relève en 1933 sous l'impulsion de celui qui allait devenir le père de la paléontologie des vertébrés en Chine, le professeur C.C. Young

Crâne de *Protoceratops andrewsi* provenant du désert de Gobi : comme pour tous les cératopsiens, le rôle de sa collerette osseuse reste une énigme pour les paléontologues. Est-ce une simple protection de la nuque ou une formidable extension de l'aire d'ancrage des muscles des mâchoires?

Roy Chapman Andrews, tenant ici deux œufs de *Protoceratops andrewsi*, fut avec Osborn et Granger, l'un des chefs de mission des expéditions de l'American Museum of Natural History en Mongolie, dont l'objectif principal était de découvrir de nouveaux indices concernant les origines de l'homme. Mais ce furent surtout les dinosaures qui étaient au rendez-vous. En hommage à Andrews, l'espèce du dinosaure qui pondit ces œufs prit le nom de *Protoceratops andrewsi*.

(Yang Zhong-jian). Depuis la création de la république populaire de Chine en 1949, les recherches se sont intensifiées et la plupart des provinces chinoises ont livré au moins un «Kong Long» ou terrible dragon.

Si le temps des pionniers est aujourd'hui révolu, celui des découvertes ne l'est pas

Depuis plus d'un siècle et demi, beaucoup d'hommes, dont quelques-uns ont été évoqués ici, se sont passionnés pour ces lézards terribles du Mésozoïque. Aujourd'hui, plus que jamais, la quête continue, avec d'autres moyens, d'autres approches, mais toujours un même but : retrouver et décrypter les archives de la Terre. Que ce soit par petits groupes ou lors de grandes missions, telle l'expédition française de 1969 au Spitzberg ou les campagnes de fouilles dans le Sahara, d'autres hommes, du Canada à l'Australie, de la Patagonie à l'URSS, s'efforcent de faire revivre les dinosaures. Avec une seule certitude : il reste beaucoup à découvrir...

Pratiquement toutes les familles de dinosaures sont représentées en Chine, mais toujours sous des formes nouvelles et étonnantes. Du sauropode *Mamenchisaurus* à l'hadrosaure *Tsintaosaurus*, en passant par le prosauropode *Lufengosaurus* et le stégosaure *Tuojiangosaurus*, les centaines de dinosaures qui ont déjà été découverts dans ce pays ne constituent pour le professeur Dong Zhiming, de Pékin, qu'une petite partie du trésor existant (ici dans le bassin du Changdu).

Sur le terrain

Cette série de clichés historiques retrace les temps forts d'une campagne de fouilles au début du siècle en Amérique du Nord. La vie sur le terrain, dans des conditions parfois difficiles, pendant plusieurs semaines ou même plusieurs mois, demande un minimum d'organisation pour permettre aux fouilleurs de travailler. Le matériel de mission a bien sûr évolué depuis l'époque des pionniers, mais les gestes restent les mêmes. Un campement de base a été installé à proximité des lieux de fouilles. Les outils et caisses nécessaires à l'extraction et au transport des os de dinosaures y sont regroupés, ainsi que tout ce qui peut contribuer au confort matériel des hommes que nous voyons ici en train de prendre leur frugal repas dans «cette salle à manger de toile».

Les fouilles

L es restes de dinosaure ne gisent pas toujours à l'horizontale . Les déformations de l'écorce terrestre ont parfois relevé les couches géologiques presque à la verticale, témoin cette muraille fossilifère de ce qui est aujourd'hui devenu le Dinosaur National Monument, dans l'Utah (photo ci-contre). Le dégagement au sol d'un squelette de grand dinosaure demande plusieurs semaines si le travail veut être mené avec soin. Les os ainsi dégagés sont enveloppés, avec leur socle de sédiment, de bandes plâtrées, de manière à assurer une parfaite cohésion pour le transport. Mise au point en 1877 par Lakes, cette technique est toujours en usage actuellement, mais les instruments de levage ont évolué, et les chariots de Far West sont remplacés par des véhicules tout- terrain.

Comme tout objet des sciences naturelles, les dinosaures ont besoin d'être classés. Ou, plus exactement, l'homme a besoin de construire une classification pour tenter d'établir les relations qui existent entre les êtres vivants et comprendre le degré d'évolution des uns par rapport aux autres. Pour intégrer les dinosaures à l'arbre de la vie, il faut d'abord les définir.

CHAPITRE III

HISTOIRE NATURELLE D'UN DINOSAURE ORDINAIRE

« Dromiceiomimus » fait partie d'un groupe très curieux de théropodes, les Ornithomimidés. Ces dinosaures aux allures d'autruche ont la particularité d'être complètement édentés et leur régime alimentaire reste un mystère. Ils vivaient au Crétacé supérieur et leurs restes ont été trouvés en Alberta.

Définir et classer : qu'est-ce qu'un dinosaure ?

Les dinosaures appartiennent à la classe des reptiles, et plus précisément, ils font partie des reptiles diapsides, c'est-à-dire que leur crâne possède deux paires de fenestrations en arrière des orbites. Au Trias, de petits reptiles diapsides, les thécodontes, vont donner naissance aux ptérosaures (les reptiles volants), aux crocodiles et aux dinosaures. Ces quatre groupes sont désignés sous le terme d'archosaures (les reptiles souverains), au sein desquels la classe des oiseaux prendra naissance et dont seuls les crocodiles sont les représentants reptiliens actuels.

En quoi les dinosaures se différencient-ils des autres archosaures? En premier lieu, ils sont exclusivement terrestres. Mais surtout, les membres des dinosaures sont verticaux; leurs pattes sont, comme chez les mammifères et les oiseaux, dressées dans un plan parallèle au plan sagittal de leur corps. Cette caractéristique, unique chez les reptiles, dont les membres sont transversaux ou parfois semi-dressés, s'accompagne de modifications anatomiques importantes qui permettent de reconnaître les os des dinosaures.

Les dinosaures ne constituent pas un groupe homogène

Dès 1887, Harry Govier Seeley, insatisfait par les essais de classifications de Marsh Cope et Huxley, comprit que sous le terme dinosaure se cachaient deux ordres zoologiques différents.

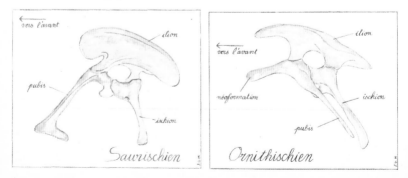

Saurischien

Ornithischien

Cette distinction est principalement fondée sur la structure du bassin, constitué chez les reptiles de trois os pairs, l'ilion, le pubis et l'ischion. Chez les uns, ces trois os adoptent la configuration triradiée du modèle reptilien, Seeley les nomma donc saurischiens, «à bassin de reptile». En revanche, chez les ornithischiens, ou dinosaures «à bassin d'oiseau», le pubis est orienté parallèlement à l'ischion, vers le bas et vers l'arrière, même si cet os a développé une néoformation antérieure chez de nombreux genres. En fait, la ressemblance n'est que superficielle avec le bassin des oiseaux, mais le nom est resté. Les ornithischiens possèdent des caractères anatomiques propres, dont le plus remarquable est la présence d'un os supplémentaire à l'avant de la mandibule : le prédentaire.

« Hermann de Meyer les a appelés pachypodes (au pied épais) pour montrer qu'à l'opposé des reptiles d'aujourd'hui, ils s'appuyaient solidement sur des pieds épais et massifs; Richard Owen les a nommés dinosauriens, à cause de la taille gigantesque de plusieurs d'entre eux ; Thomas Henry Huxley les a inscrits sous le titre d'ornithoscélidés ' (à la cuisse d'oiseau) afin de rappeler leurs traits de ressemblance avec les oiseaux.» (Gaudry, 1890). Aujourd'hui le terme dinosaure n'est plus guère utilisé par les spécialistes. Ils lui préfèrent ceux de saurischiens — regroupant les prosauropodes, les sauropodes et les théropodes — et d'ornitischiens, — désignant les cératopsiens, les ornithopodes, les stégosauriens et les ankylosauriens. Ce squelette d'*Ouranosaurus* exposé au musée de Venise, fut récolté en 1966 dans le désert du Ténéré, au Niger, par Philippe Taquet, aujourd'hui professeur de la chaire de paléontologie du Muséum National d'Histoire Naturelle, à Paris. Cet Iguanodontidé de grande taille (7 m de long), est actuellement le seul ornithischien connu à posséder une telle «voile» dorsale.

De l'os à la reconstitution finale : un travail d'orfèvre qui demande des connaissances approfondies en anatomie

Le squelette, ou le plus souvent une partie du squelette, est le seul élément dont disposent les paléontologues pour faire revivre un dinosaure. La reconstitution de la charpente osseuse constitue donc la première étape du travail. Restaurer les os, les identifier, les comparer à ce qui est déjà connu, et les articuler entre eux, tout cela permet au spécialiste de savoir à qui il a affaire.

Mais les os ont encore beaucoup d'autres choses à nous dire. Ils portent, de façon plus ou moins nette,

L' installation du moulage du squelette de Diplodocus offert à la France par le milliardaire américain Andrew Carnegie fut un événement national. Sur cette photo prise quelques jours avant l'inauguration par le président de la République Armand Fallières, le 15 juin 1908, trois sommités scientifiques posent au premier plan : assis de gauche à droite, MM. Coggeshall et Holland, du Carnegie Museum, et Marcellin Boule, titulaire de la chaire de paléontologie du Muséum. Mais cette étape finale que constitue la présentation au public d'un squelette de dinosaure est précédée d'un long travail de description des pièces. Pour réaliser une étude complète, chaque os est aussi photographié et dessiné.

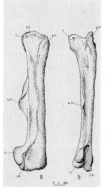

les traces des insertions musculaires et ligamentaires. En comparant leur emplacement, leur importance et leur orientation avec ce qui s'observe chez les reptiles actuels, il est possible d'avoir une idée assez précise de l'architecture des grandes masses musculaires. D'un squelette statique, nous voici parvenus à une espèce d'écorché virtuel capable de mouvement. Bien sûr, les viscères ne peuvent pas être reconstitués en détail. Quant à recouvrir le tout, c'est chose possible grâce aux empreintes de peau fossilisées, les fameuses «momies» de dinosaures. En revanche, les couleurs nous restent absolument inconnues, mais sont copiées, avec une certaine timidité vis-à-vis des tons éclatants, sur celles des reptiles actuels.

M ettre le bon os à la bonne place n'est pas toujours un travail aussi facile et évident qu'il y paraît au premier abord, même pour des spécialistes. Les premières phases de la reconstitution d'un squelette de dinosaure de grande taille prennent généralement l'allure d'un puzzle gigantesque. De telles erreurs de montage sont en fait relativement rares, mais les inversions dans la position de certains os, vertèbres caudales, côtes ou phalanges, sont parfois difficilement décelables.

De quoi se nourrissaient-ils?

Reconstituer un animal disparu signifie aussi s'intéresser à sa biologie. Lorsqu'on évoque le régime alimentaire des dinosaures, nous avons tous présente à l'esprit la terrible mâchoire de *Tyrannosaurus*. Mais se représenter tous les dinosaures comme de

A vec ses dents en forme de poignard dont certaines dépassent 15 cm de long, il faut avouer que le sourire de *Tyrannosaurus rex*, dinosaure-vedette du bestiaire préhistorique, est assez médiatique. Mais qu'elles proviennent d'un carnivore ou d'un herbivore, les dents de dinosaure ont toujours quelque chose de fascinant pour le grand public comme pour les spécialistes. Les trois petites dents de théropodes récoltées dans le Sahara sont en fait tout aussi envoûtantes que celle, beaucoup plus grande, du *Megalosaurus* découvert dans le Jura, ou que le fragment de batterie dentaire d'un hadrosaure provenant d'un gisement canadien.

redoutables carnassiers serait une erreur. Les formes carnivores n'en constituent en réalité qu'un petit nombre, uniquement limité aux théropodes. S'il existe quelques genres au régime alimentaire mixte, la majorité des dinosaures était herbivore (le terme «végétarien» serait le plus approprié). C'est en premier lieu l'observation de la mâchoire qui nous renseigne sur le mode d'alimentation. A la différence des mammifères, les dinosaures, ainsi que les autres reptiles, possèdent une denture homodonte, c'est-à-dire que la forme de la dent ne varie pas, ou très peu, selon la place qu'elle occupe sur l'arcade dentaire.

Les dinosaures carnivores ont généralement des mâchoires robustes, armées de dents simples, tranchantes, en forme de lame de poignard. Le plus souvent, au moins l'une des deux arêtes de la dent est finement crénelée, ce qui permet de trancher plus efficacement les quartiers de viande, qui seront avalés tels quels puisque les dinosaures carnivores ne possèdent pas de dents masticatrices.

Les herbivores ont développé une gamme extraordinaire de dentures

Il est vrai que la prise de nourriture végétale pose à l'animal un certain nombre de problèmes, du fait de la présence de constituants coriaces, abrasifs et indigestes, comme la cellulose ou les fibres ligneuses. Les plus gros dinosaures, les sauropodes, ne possédaient que quelques dents simples, en forme de clous ou de cuillers selon les familles, uniquement disposées à l'avant des mâchoires, à la manière d'un peigne. Ce système leur permettait pourtant d'arracher feuilles et bourgeons en assez grande quantité pour nourrir leur corps de plusieurs dizaines de tonnes.

A l'opposé, les hadrosaures, ou dinosaures à bec de canard, étaient dépourvus de dents à l'avant des mâchoires mais possédaient d'imposantes batteries dentaires jugales, chacune composée de plusieurs centaines de dents losangiques imbriquées les unes dans les autres. Cette véritable râpe à régénération continue était capable de broyer les végétaux les plus durs, tels les aiguilles de pin. Si les cératopsiens possédaient un bec solide pour arracher les végétaux durs et de robustes dents fonctionnant comme des cisailles, les ankylosaures devaient se contenter de plantes tendres du fait d'une denture peu performante.

D'autres indices permettent de mieux connaître le mode d'alimentation

Ceux qui ne pouvaient mâcher leur nourriture utilisaient des pierres gastriques jouant le rôle de meules dans une partie spécialisée de leur estomac, exactement comme le gésier des oiseaux actuels. Récemment, une équipe pluridisciplinaire de scientifiques a réussi à démontrer, grâce au rapport isotopique de certains éléments extraits du collagène fossilisé d'un hadrosaure, que son régime alimentaire était composé de plantes terrestres et non de végétaux aquatiques comme cela avait été supposé longtemps.

L a meilleure preuve concernant le régime alimentaire d'un dinosaure est de savoir ce qu'il a dans le ventre. A ce point de vue, le deuxième exemplaire connu au monde de *Compsognathus*, découvert en 1971 dans les calcaires lithographiques du sud-est de la France, est un fossile assez

extraordinaire tout comme le spécimen bavarois. Il faut des conditions exceptionnelles de fossilisation pour que le contenu stomacal soit préservé. C'est ce qui est arrivé à ce petit dinosaure carnivore, nous permettant ainsi de connaître le menu de son dernier repas. D'abord interprétés comme le squelette d'un fœtus, les amas de petits os situés à l'intérieur de la cavité gastrique sont maintenant identifiés comme les restes de reptiles de petite taille ressemblant à nos lézards actuels.

Eleanor Kish

L es lumineuses peintures d'Eleanor Kish sont pour beaucoup dans le regain d'intérêt de ces dix dernières années pour les dinosaures. Rompant avec les représentations traditionnelles de certains dinosaures, Kish a su allier son talent d'artiste aux dernières données scientifiques. Le Dr Dale A. Russell, dont la collaboration avec Eleanor Kish est une affaire de longue date, eut cette phrase pleine d'émotion : «Les artistes sont les yeux des paléontologues, et leurs peintures sont les fenêtres par lesquelles les non spécialistes peuvent contempler le monde des dinosaures.» Ci-contre, un dinosaure à bec de canard, *Saurolophus*, s'aventure dans l'eau d'un «bayou» où nage un plésiosaure. Page suivante, un autre hadrosaure à crête, *Hypacrosaurus*, cherche sa nourriture à l'orée d'une forêt dense. Page suivante, le redoutable *Daspletosaurus*, dont la taille des membres antérieurs atteste de sa proche parenté avec *Tyrannosaurus*, cherche à faire un mauvais sort à *Champsosaurus*, un rhynchocéphale aux allures de gavial.

Pour la locomotion, là encore, toutes les formules sont possibles

Certains sont bipèdes, c'est le cas des carnivores qui doivent courser leur proie et utiliser leurs membres antérieurs pour la saisir. C'est aussi le cas de certains herbivores qui n'ont d'autre défense que la fuite, car chez les dinosaures, à l'inverse des mammifères, la bipédie semble être le moyen le plus rapide de se déplacer. D'autres sont quadrupèdes, comme les animaux broutant la végétation basse ou les lourds sauropodes. Ces derniers ont longtemps été représentés pataugeant à longueur de temps dans les marécages ou les lacs. Il était impensable de concevoir de telles masses se maintenant sans l'aide de la poussée d'Archimède.

Aujourd'hui, les paléontologues s'accordent sur le fait qu'ils vivaient sur la terre ferme, même s'ils ne dédaignaient pas barboter de temps en temps dans l'eau. Les études de biomécanique ont montré que leurs membres étaient tout à fait capables de supporter leur énorme poids à l'air libre. Certains pouvaient même se dresser sur les pattes postérieures, avec l'aide de la queue, pour aller brouter la cime des arbres, inaccessible aux autres animaux.

Certains dinosaures pondaient des œufs, nous en avons la preuve

Comment parler de biologie sans évoquer la reproduction? Affirmer que les dinosaures pondaient prête à sourire. Pourtant, il n'y a là *a priori* rien d'étonnant puisque ce sont des reptiles et que les reptiles ont inventé l'œuf à coquille dure. Il existe malgré tout, d'ailleurs, des cas d'ovoviviparité chez certains reptiles actuels. Le bassin d'Aix-en-Provence a

Qu'il soit de dinosaure (*Hypselosaurus* en haut, *Protoceratops* au milieu) ou de serpent (*Lachesis mutus* en bas, un Crotaliné d'Amérique centrale et d'Amérique du Sud), l'œuf reptilien, plus qu'une évolution, constitue une révolution, un nouvel art de naître. Les amphibiens sont tributaires du milieu aquatique pour y déposer leurs pontes. Les reptiles s'affranchissent de cette contrainte en mettant l'élément liquide à l'intérieur de l'œuf (le liquide amniotique), le tout protégé par une coquille perméable à l'air. Et cette coquille n'est pas un emballage perdu, puisqu'en se décalcifiant, elle donne les éléments minéraux indispensables à l'embryon tout en se fragilisant pour permettre l'éclosion.

œufs entiers attribuables à un Sauropode du Crétacé, *Hypselosaurus*. Dès les années 1920, le désert de Gobi va livrer de nombreux œufs et surtout les nids d'un petit cératopsien, *Protoceratops*, dont plusieurs squelettes furent aussi récoltés. La femelle prenait le soin de creuser le sol avant d'y déposer 18 à 30 œufs, soigneusement rangés en cercles concentriques.

Comme les crocodiles et les oiseaux actuels, certains dinosaures prodiguaient des soins parentaux à leur progéniture. C'est ce qu'a révélé en 1978 la découverte, dans le Montana, d'une aire de nidation, dont un des nids, à la bordure soigneusement relevée, contenait les restes fossiles d'une quinzaine de bébés hadrosaures. Non loin de là, le squelette de l'un des parents, que l'on nomma de manière appropriée *Maiasaura*, «la bonne mère reptile». L'instinct des petits leur avait commandé de rester à l'intérieur du nid, quoi qu'il arrive aux parents.

« Pour donner une idée de la taille de Brachiosaurus (hauteur totale 11 m 87), disons qu'en levant la tête, il aurait pu facilement regarder par les fenêtres du troisième étage d'un immeuble! La structure de son corps montre qu'il pouvait vivre dans des eaux bien plus profondes que le Brontosaurus ou le Diplodocus.» (Augusta et Burian, 1959.) Mais l'idée de ces géants entièrement immergés se heurte au problème de la résistance du thorax et des poumons à de telles pressions de l'eau!

Tôt ou tard il fallait affronter le monde extérieur, et courir!

Certains spécialistes, il est vrai plus mathématiciens que paléontologues, ont calculé que les pointes de vitesse de dinosaures bipèdes particulièrement véloce, pouvaient atteindre 50 km/h. Cette estimation reste cependant plausible dans le cas de champions de la course comme les ornithomimidés (dinosaures-autruches), famille dont font partie ces deux *Struthiomimus*. Leurs proportions sont effectivement très semblables à celles des autruches actuelles qui peuvent courir à plus de 40 km/h.

Les carnivores couraient pour chasser et, parmi les herbivores, ceux qui n'avaient pas d'autre moyen de défense couraient pour fuir les carnivores. Manger et ne pas être mangé. L'adaptation la plus poussée à la course se rencontre chez des animaux bipèdes, de poids relativement faible, dont la taille ne dépasse pas deux à trois mètres de long; qu'il s'agisse de petits théropodes légers, les «cœlurosaures» (carnivores) ou d'ornithopodes graciles tels que les Hypsilophodontidés (herbivores), la morphologie des membres postérieurs est très similaire. Un bassin solide, des pattes allongées dotées d'une puissante musculature, des pieds effilés, une allure digitigrade comme chez les mammifères actuels les plus rapides, et une longue queue pouvant se raidir grâce à un réseau de tendons ossifiés, servant ainsi de contrepoids à la partie antérieure du corps. La réunion de ces caractères leur permettait d'effectuer de grandes enjambées souples et rapides.

Les herbivores quadrupèdes ont fait preuve d'une imagination étonnante... pour éviter d'être mangés!

Chaque groupe a mis au point des techniques particulières. Les trente tonnes d'*Apatosaurus* ou plus modestement les dix tonnes de *Diplodocus*

constituaient déjà une dissuasion sérieuse pour un théropode isolé. Mais lorsque la longue queue, en lanière de fouet, de *Diplodocus* cinglait l'air, toute approche devait s'avérer impossible. Chez les ornithischiens, la queue se transforme parfois en véritable masse d'armes, mue par une puissante musculature. C'est le cas des stégosauriens dont l'appendice caudal porte une, ou plus généralement deux paires de longues épines osseuses recouvertes de corne du vivant de l'animal. Le ventre d'un agresseur ne pouvait y résister!

C'est aussi le cas des ankylosauridés chez qui la queue, parfois très longue comme chez *Euoplocephalus*, se termine par une massue osseuse, formée d'éléments d'os compacts fusionnés en une boule bi– ou trilobée, capable de briser la patte

L es armes des chevaliers du Moyen-Age peuvent nous sembler bien dérisoires en comparaison de celle que constitue la queue de certains dinosaures. Mais les restes osseux de ces redoutables systèmes de défense, qu'il s'agisse de la massue caudale des Ankylosauridés ou des longues épines des Stégosauriens, ne sont qu'une partie de la panoplie guerrière. Il nous faut encore imaginer la formidable musculature caudale mettant le tout en mouvement.

de n'importe quel théropode. Les ankylosauriens avaient de plus le corps recouvert d'une véritable cuirasse composée de nodules osseux, parfois de grande taille, inclus dans la peau, formant une solide armure dont certains éléments en forme d'épine leur hérissaient le dos, les flancs ou la queue. Si de tels chars d'assaut pouvaient se plaquer au sol comme le font les tatous actuels pour résister à une agression, le dinosaure carnivore le plus robuste n'avait plus aucune prise pour atteindre le ventre, seul endroit vulnérable.

C ontrairement aux ankylosauriens (ci-dessus), le corps des cératopsiens n'était pas cuirassé de nodules osseux. Chez ces derniers, on distingue actuellement deux groupes : ceux dont la collerette courte ne dépasse guère la nuque (dont *Triceratops* est un représentant), et les cératopsiens à longue collerette pouvant atteindre le milieu du dos. Tous étaient pourvus de cornes, plus ou moins développées selon les genres.

Les cornes de certains cératopsiens n'avaient rien à envier à celles des plus imposants taureaux actuels

Bien entendu, les cornes faisaient aussi partie de la panoplie défensive des dinosaures. Les cératopsiens étaient caractérisés par la présence d'une collerette osseuse leur couvrant la nuque. Mais le rôle protecteur de cette structure, parfois de grande dimension, est aujourd'hui mis en doute par plusieurs spécialistes. En revanche, une ou plusieurs cornes ornaient la face de ces dinosaures; *Triceratops*, qui pesait 5,5 tonnes, un très gros cératopsien à la fin du Crétacé, est l'un des mieux connus. Ses deux longues cornes supraorbitaires et sa corne nasale plus trapue ont dû infliger des blessures sévères ou même mortelles aux tyrannosaures.

Quant à *Iguanodon*, il possède un caractère jusqu'à maintenant unique chez les dinosaures. Le pouce de ses mains était transformé en un robuste éperon pointu pouvant atteindre 20 cm de long, qui valait bien une griffe de théropode dans un combat corps à corps. Les griffes ne sont d'ailleurs pas l'apanage des seuls dinosaures carnivores; mais chez ces animaux, leur morphologie est particulièrement évocatrice du rôle agressif qu'elles jouaient : saisir et maintenir la proie pour la dépecer. Etroites, effilées et très recourbées, elles ressemblent aux serres d'un oiseau de proie, surtout lorsqu'on sait qu'elles étaient prolongées par une structure cornée. Certaines pouvaient même devenir de vrais instruments de mise à mort.

Deinonychus, un théropode de la famille des Dromaeosauridés dont le nom signifie «la griffe terrible», portait à l'extrémité du deuxième orteil une énorme griffe en forme de faucille, lui servant vraisemblablement à lacérer le ventre de ses victimes. En revanche, les griffes arborées par certains dinosaures herbivores sont plus larges, moins effilées et moins recourbées. Si elles pouvaient malgré tout avoir un rôle défensif, leur utilisation principale devait être la recherche ou la prise de nourriture.

Une découverte extraordinaire dans le désert de Gobi : deux dinosaures enlacés morts lors d'un combat qui n'eut pas de vainqueur

En 1971, les membres de l'expédition polono-mongole mettaient à jour un double fossile, témoignage d'un drame remontant au Crétacé supérieur. Le squelette d'un petit dromaeosauridé, *Velociraptor*, enserrant de ses griffes la tête d'un *Protoceratops*. Sont-ils morts d'épuisement ou de leurs blessures au terme d'un long combat? Une cause extérieure est-elle venue les figer dans une

L es griffes osseuses des dinosaures présentent quantité de variations à partir d'une même architecture de base selon le mode de vie et le régime alimentaire des animaux à qui elles appartiennent. Par leur longueur, leur courbure, leur finesse et leur mobilité, les griffes sont caractéristiques du groupe zoologique de leur propriétaire,

comme ces deux griffes de théropodes provenant du Sahara. La phalange unguéale d'un orteil d'hadrosaure (ci-dessus) est en revanche bien différente, tant par sa forme que par son rôle. La fonction défensive ou aggressive est ici totalement supplantée par l'usage locomoteur.

mort commune? Nous ne le saurons sans doute jamais. Plus fréquemment, les os de dinosaures portent les séquelles d'issues moins tragiques, telles que les fractures ressoudées du vivant de l'animal, avec la présence d'un cal osseux tout à fait caractéristique. Accidents ou blessures de combat, les causes en sont malheureusement impossibles à déterminer.

De même, les traces de morsures sont-elles le fait d'un prédateur ou résultent-elles de l'action d'un nécrophage bien après la mort de l'animal? Plus rarement, les spécialistes découvrent des pathologies osseuses. L'ankylose de deux ou plusieurs vertèbres dans la queue des sauropodes n'est pas exceptionnelle. Plus rares sont les tumeurs cancéreuses des os, mais elles ont été reconnues chez quelques dinosaures. Des dizaines de millions d'années après la mort de l'animal, ses os fossilisés nous renseignent sur son état de santé, mais plus rarement sur les causes de son décès !

Les empreintes de pas de dinosaures sont généralement un casse-tête pour les spécialistes. Mais le petit Tommy Pendley, fils d'un paléontologue travaillant en 1939 sur le site de Paluxy River, près de Glen Rose, au Texas, y voit tout simplement une baignoire à sa taille. Ce gisement doit sa célébrité aux très belles pistes (à droite) laissées lors de la poursuite d'un sauropode par un théropode, où se distinguent nettement les empreintes ovales du premier, et celles, tridactyles, du second. Fossile unique au monde, les squelettes emmêlés de *Protoceratops* et de *Velociraptor* nous apprennent de quelle manière les Dromaeosauridés tuaient leurs proies. Les pattes avant fermement agrippées à la tête de la victime, ils lui lacéraient le ventre de l'énorme griffe très mobile de leur deuxième orteil.

Les empreintes laissées par les dinosaures témoignent aussi de leur comportement social

L'étude de ces fossiles de nature un peu particulière que sont les empreintes constitue une branche spéciale de la paléontologie, la paléoichnologie (la science des traces anciennes). Seules les empreintes d'un dinosaure permettent d'affirmer qu'il a vécu à cet endroit; les ossements ont souvent été transportés par les eaux ou par les nécrophages, parfois très loin de l'endroit où l'animal est mort. L'étude des empreintes de dinosaures s'avère délicate, mais dans bien des cas il est cependant possible de déterminer au moins le groupe auquel appartient l'auteur de la trace. Démarche bipède ou quadrupède, présence de griffes, nombre, angulation et dimension des doigts, sont

Cette fresque de Mark Hallett intitulée «la Rivière», illustre ce qu'aurait pu voir un ptérosaure du Jurassique supérieur survolant ce que l'on nomme de nos jours l'Utah, aux Etats-Unis, à supposer que ces reptiles volants aient possédé la vision des couleurs. L'abondante végétation favorisée par le climat chaud et humide de l'époque, et la présence d'un grand cours d'eau attiraient en cet endroit les herbivores, suivis par les carnivores.

quelques–uns des paramètres permettant cette identification. Quant à l'estimation de la taille, du poids, de la vitesse de l'animal, cela n'est réellement possible que dans le cas de pistes très bien conservées.

Le gisement de Purgatory River, dans le Jurassique supérieur du Colorado, a livré plus de 1300 empreintes de pas. Leur analyse minutieuse a permis de démontrer qu'un troupeau de sauropodes a longé les berges d'un lac, peut-être au cours d'une migration, il y a 140 millions d'années. Non pas une horde désordonnée, mais un troupeau à la structure élaborée. Les jeunes (et les femelles gravides?) marchaient au centre, entourés par les adultes, les plus robustes encadrant le tout. Cette stratégie de défense communautaire est toujours utilisée par certains grands mammifères actuels.

P lusieurs genres différents de dinosaures animent ce paysage, depuis le troupeau de *Diplodocus* dont un trainard est assailli par trois *Ceratosaurus* lors de la traversée du fleuve, sous l'oeil réprobateur d'un couple de *Brachiosaurus*, à gauche, jusqu'au théropode solitaire de l'extrème droite (*Allosaurus*), en passant par les cadavres de camarasauridés et d'un stégosaure attirant de petits carnivores (*Ornitholestes*).

Il serait bien prétentieux d'affirmer que nous savons tout sur les dinosaures. A tel point que chaque découverte remet en question bon nombre d'idées à leur sujet. Il ne se passe pas un mois sans qu'un dinosaure ne soit mis à jour quelque part dans le monde. Mais le plus souvent les paléontologues doivent se contenter de squelettes incomplets, voire de quelques os. C'est alors pour eux une étrange enquête qui commence : reconstituer la victime.

CHAPITRE IV
LA SCIENCE EN QUESTION

Les fossiles exposés dans les galeries de paléontologie, comme ce crâne de *Triceratops*, visible au Museum National d'Histoire Naturelle, ne constituent qu'une infime partie des collections accessibles aux chercheurs du monde entier. Des milliers de spécimens sont avant tout des objets d'étude.

Travail d'autant plus difficile que la fossilisation exerce des contraintes mécaniques considérables sur les os, qui nous parviennent souvent morcelés, écrasés, déformés. Au spécialiste de savoir en tenir compte dans sa recherche. Il existe cependant des genres dont l'anatomie osseuse est aujourd'hui bien connue, car ils ont été trouvés en de nombreux exemplaires, comme *Allosaurus*, *Iguanodon* ou *Triceratops*, pour ne citer qu'eux. Mais ce n'est que par des essais, par des modèles successifs que notre connaissance des dinosaures progresse.

Loin de nous moquer des tâtonnements de nos prédécesseurs, revendiquons, aujourd'hui, le droit à l'erreur

Le brontosaure, de son vrai nom scientifique *Apatosaurus*, est, avec la corne d'*Iguanodon*, l'exemple le plus célèbre de ce genre d'erreur. En 1879, Marsh reconstitua le squelette incomplet de son *Brontosaurus* à l'aide d'un crâne de sauropode de la famille des Camasauridés provenant d'un gisement voisin. C'est seulement en 1975 qu'*Apatosaurus* a retrouvé sa vraie tête, ressemblant à celle de *Diplodocus*, et donc très différente de celle dont on l'avait affublé, à tort, pendant près de cent ans.

Bien des dinosaures ont été nommés d'après du matériel très incomplet, parfois même une seule vertèbre ou une dent. Cette pratique, très répandue au début du siècle, interdit toute comparaison avec les découvertes ultérieures. Or, avant de donner un nouveau nom de genre ou d'espèce à un animal, il faut comparer ses restes à ce qui est déjà connu, afin d'éviter de créer un synonyme. Le fameux *Megalosaurus* est l'exemple typique d'une telle confusion. Il en existe aujourd'hui 18 espèces, allant du Jurassique inférieur au Crétacé supérieur. Qu'un

C es deux tumeurs osseuses, séquelles probables d'arthrite, s'observent à quelques vertèbres d'intervalle sur la queue du squelette du *Diplodocus* exposé au Muséum National d'Histoire Naturelle, à Paris. Une troisième ankylose de ce type, au niveau des premières vertèbres caudales du même spécimen, nous conduit à imaginer ce pauvre sauropode perclus de rhumatismes de son vivant.

genre zoologique puisse perdurer pendant plus de 100 millions d'années est hautement improbable. Faute d'une définition précise, *Megalosaurus* sert de genre fourre-tout aux restes de grands théropodes impossibles à identifier. A l'inverse, le genre *Triceratops*, connu par quantité de crânes et de squelettes, comprend 15 espèces, dont 11 proviennent de la même formation géologique du Wyoming et du Montana. Les spécialistes estiment aujourd'hui qu'autant d'espèces différentes sont inconcevables pour une si courte période et sur un territoire aussi restreint.

L'éternel problème de l'espèce paléontologique

Avec l'exemple de *Triceratops*, nous avons abordé l'un des problèmes majeurs de l'étude des dinosaures : les petites différences qui s'observent sur les os de deux dinosaures *a priori* très semblables constituent-elles des variations individuelles, le reflet de divers stades de croissance, un dimorphisme sexuel au sein d'une même espèce, ou permettent-elles de reconnaître deux espèces d'un même genre ? Il n'existe aucune loi permettant de quantifier les variations individuelles intraspécifiques et la définition de l'espèce, unité de base de la classification, restera

"*Megalosaurus*" est un robuste dinosaure carnivore bipède, ce que l'on appelle couramment un «carnosaure», dont la taille s'échelonne généralement entre 5 et 9 mètres, selon les espèces. Plusieurs spécialistes tentent actuellement de remettre un peu d'ordre dans le fouillis indescriptible qui règne à l'intérieur de ce genre, mais cette tâche est rendue difficile, sinon, impossible par l'état fragmentaire de la majorité des ossements mis à jour. La suggestion émise depuis fort longtemps déjà par certains auteurs de limiter l'emploi du nom *Megalosaurus* à des dinosaures du Jurassique supérieur va d'ailleurs dans le sens de cette clarification. Tout cela montre bien qu'en l'état actuel de nos connaissances, il est parfois impossible aux paléontologues d'assigner un nom de genre, *a fortiori* d'espèce, à des animaux dont les restes sont trop incomplets. Il vaut alors mieux se limiter à une identification de la famille, sous peine d'embrouiller un peu plus la classification.

longtemps encore le thème de congrès entre spécialistes d'avis différents. Quant au dimorphisme sexuel, rien ne permet de le mettre en évidence sur les squelettes des reptiles. La crête des hadrosaures a parfois été interprétée comme un dimorphisme sexuel. Les Lambéosaurinés (hadrosaures à crête) et les Hadrosaurinés (hadrosaures à crâne plat) représenteraient respectivement les mâles et les femelles au sein de ce groupe. Cette idée est aujourd'hui abandonnée car les premiers ne cohabitent pas forcément avec les seconds dans les diverses formations géologiques. Il reste cependant fort probable que chez les Lambéosaurinés, la crête des mâles était plus développée que celle des femelles.

Avec *Dimetrodon*, *Edaphosaurus* (ci-dessus) est l'un des reptiles mammaliens primitifs les plus connus. Tous deux munis d'une voile dorsale, ces pélycosaures se distinguent par de nombreux caractères anatomiques et par leur régime alimentaire : herbivore pour le premier, alors que le second était un féroce carnivore.

Au-delà de l'espèce, un exemple de convergence évolutive : le système de thermorégulation

Si certains dinosaures portaient d'étranges parures crâniennes, d'autres possédaient de bien curieux appendices dorsaux. Les épines neurales de leurs vertèbres sont démesurément allongées. Loin de constituer le caractère propre d'un groupe ou d'une famille, cette spécialisation traduit tout à fait ce que les paléontologues appellent une convergence évolutive. Déjà rencontrée chez les reptiles mammaliens de la fin de l'ère primaire, tels *Dimetrodon* et *Edaphosaurus*, cette voile n'est connue que chez deux dinosaures bien différents : un théropode, *Spinosaurus*, et un ornithopode, *Ouranosaurus*. Parmi toutes les hypothèses avancées concernant le rôle de cette voile dorsale, celle d'une régulation thermique semble actuellement la plus fondée. Les capillaires sanguins parcourant la peau tendue sur cette armature vertébrale servaient d'échangeurs de calories. Lorsque l'animal se plaçait perpendiculairement aux rayons du soleil, cette voile se comportait comme un capteur solaire, réchauffant rapidement le sang distribuant les calories gagnées au corps de l'animal. Aux heures les plus chaudes de la journée, il réduisait la surface exposée en se tenant face au soleil ou se rafraîchissait en diffusant sa chaleur vers le milieu extérieur à la moindre brise. Les plaques dorsales des stégosaures, dont la structure en nids d'abeille semble bien peu adaptée au rôle défensif qui leur fut longtemps attribué, pourraient constituer un système thermorégulateur semblable.

Sang chaud ou sang froid ? La physiologie des dinosaures divise les spécialistes

La notion de système thermorégulateur pose l'une des questions les plus controversées à propos de leur physiologie. Les reptiles actuels ont un sang, non pas froid comme il est dit couramment, mais dont la température est fonction du milieu ambiant. Depuis de nombreuses années, Robert Bakker, de l'université du Colorado, défend, arguments et

L'hypothèse de l'existence d'un système thermorégulateur chez certains dinosaures, tel que les plaques dorsales de *Stegosaurus* (en bas, à gauche) ou la voile tendue sur les épines neurales des vertèbres de l'ornithopode *Ouranosaurus* (ci-contre) et du théropode *Spinosaurus*, est un élément important dans le débat qui oppose les partisans des dinosaures à sang chaud à ceux qui conservent l'idée plus classique d'animaux poïkilothermes, à l'instar des reptiles actuels. En ce domaine, comme dans tout ce qui touche à la physiologie des organismes disparus, rien n'est encore prouvé. Chez certains stégosauriens, en effet, les plaques dorsales se réduisent à des sortes de longues épines ou sont si petites que leur rôle présumé d'échangeur thermique devient difficilement envisageable. Mais il est vrai que la nature utilise toujours des structures existantes en les adaptant à de nouvelles fonctions.

déductions à l'appui, l'idée que les dinosaures produisaient et maintenaient une chaleur corporelle constante (endothermie et homéothermie), comme le font les mammifères et les oiseaux. Mais ces arguments, de nature très variée puisqu'ils vont de l'étude des rapports proies/prédateurs dans les communautés animales à celle de l'histologie osseuse en passant par l'évaluation du métabolisme de certains théropodes en fonction de leur activité présumée, ces arguments, si séduisants qu'ils paraissent, ne font pas l'unanimité des paléontologues. Produire et maintenir sa température corporelle demande un coût énergétique considérable, surtout au niveau des apports d'oxygène et de nourriture, qui sont transformés en calories par des processus biochimiques complexes. Si l'homéothermie d'un

Sauropode de la famille des Diplodocidés, *Mamenchisaurus* a été découvert dans la province du Sichuan, en Chine. En 1957, son exhumation dura plus de trois mois. Son squelette entièrement restauré est aujourd'hui visible au musée de Pékin. Si la longueur du cou est déjà un caractère remarquable chez les autres représentants de cette famille, elle atteint chez *Mamenchisaurus* des proportions qui sont tout à fait exceptionnelles.

petit dinosaure carnivore semble une hypothèse tentante, celle d'un sauropode de 30 tonnes paraît incompatible avec l'apport énergétique que cela suppose et les moyens de nutrition dont cet animal disposait. Mais c'est oublier que plus un animal est gros, plus il est homéotherme de fait, puiqu'il perd ou emmagasine la chaleur beaucoup plus lentement qu'un petit animal du fait de son rapport masse/surface. Encore une fois, le problème est rendu complexe étant donné la variété étonnante des dinosaures.

Certains spécialistes se penchent sur les problèmes de cœur des grands sauropodes

Les animaux homéothermes actuels, mammifères et oiseaux, possèdent un cœur à quatre chambres bien cloisonnées, ce qui évite le mélange du sang

Chez cet énorme animal d'une longueur totale de 22 m, de la pointe du museau à l'extrémité de la queue en lanière de fouet, le cou, constitué par 19 vertèbres cervicales très allongées, mesure à lui seul 10 m de long. Cette reconstitution de Mark Hallett, intitulée «Crossing the Flat» (1986) et exposée au Natural History Museum de Los Angeles, illustre bien la puissance de la musculature nucale nécessaire pour mouvoir un tel porte-à-faux.

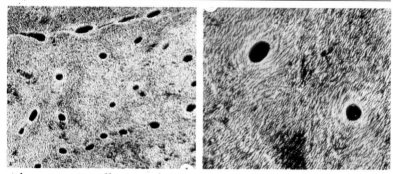

riche en oxygène allant vers les organes avec le sang pauvre en oxygène retournant vers les poumons. Cette condition paraît indispensable pour assurer l'homéothermie, grande consommatrice d'oxygène. Même si l'on ne s'accorde pas avec les idées de Bakker, ce qui est le cas d'une majorité de paléontologues, le cloisonnement du cœur des dinosaures reste plausible. Chez un grand sauropode, la pression artérielle devait être considérable pour envoyer le sang dans la tête, perchée parfois à plus de dix mètres. Si les chambres cardiaques n'avaient pas été bien cloisonnées, cette pression aurait été trop importante au niveau des poumons, faisant éclater les capillaires pulmonaires. Personne n'a jamais vu un cœur de dinosaure, mais de nombreux spécialistes estiment cette hypothèse tout à fait fondée. Ce qui ne serait d'ailleurs pas unique chez les reptiles, puisque le cœur des crocodiles est (presque) parfaitement cloisonné.

<u>Nous commençons à avoir quelques certitudes quant à la naissance de certains dinosaures; ce n'est pas le cas dans le domaine de leur croissance et de leur longévité</u>

Cette question devient particulièrement importante pour les formes de grande taille. De quelle manière un nouveau-

Dans la grande majorité des cas, les processus de fossilisation n'ont rien altéré des microstructures internes des os et des dents. Ces deux clichés de lames minces effectués dans la dentine d'*Ouranosaurus* ont été pris au microscope photonique, l'un en lumière normale (à gauche), l'autre à plus fort grandissement en lumière polarisée (à droite). L'utilisation des microscopes électroniques est devenue courante aujourd'hui pour pénétrer les secrets les plus intimes de la biologie des dinosaures, sans pour autant apporter toutes les réponses espérées, telles que les modalités de croissance chez les sauropodes par exemple. Les investigations des paléontologues ne se limitent donc pas à l'aspect superficiel des restes de dinosaures.

né de quelques kilos parvient-il à rattraper la taille et le poids de ses parents, soit parfois plusieurs dizaines de tonnes? Il lui faut en effet multiplier son poids par un facteur pouvant atteindre deux ou trois mille. En se référant aux modèles reptiliens actuels, il n'y a guère que deux solutions. Soit grandir lentement mais pendant très longtemps, peut-être pendant plus d'une centaine d'années, comme certaines tortues terrestres; soit connaître, lors des premières années de sa vie, une croissance rapide. Quant à la durée moyenne de vie d'un individu, la recherche d'une hypothétique périodicité de structures d'accroissement au sein du tissu osseux ou dentaire n'a jamais convaincu l'ensemble des spécialistes.

Le comportement social et l'importance du paraître

L'étude des empreintes de pas a montré que les dinosaures étaient capables de comportements sociaux sous forme de troupeaux organisés. Comme dans toute communauté se pose le problème de dominance de certains individus au sein du groupe. La collerette des cératopsiens, les différentes sortes de crêtes osseuses des Lambéosaurinés sont

Les restes de pachycéphalosaures sont des fossiles plutôt rares et font de ces dinosaures un groupe énigmatique encore mal connu. Caractérisés par l'épaisseur de leur toit crânien, qui chez certains genres forme un dôme très élevé comme sur ce crâne de *Pachycephalosaurus* dont le dôme crânien atteint 23 cm d'épaisseur, ces ornithischiens bipèdes de la fin du Crétacé (à l'exception d'un genre du Crétacé inférieur) ne sont pas sans rappeler nos béliers actuels, de par le comportement social supposé avoir été le leur.

Aucun cerveau fossilisé de dinosaure n'a jamais été découvert, et il y a peu de chances que cela se produise un jour. Pourtant, depuis longtemps déjà, nous avons une idée assez précise de ce à quoi ressemblait la matière grise de certains d'entre eux. Lorsque le crâne n'a pas été déformé par la fossilisation, la cavité cérébrale constitue un moule très fidèle de l'encéphale. Ce moulage endocrânien de *Triceratops* a permis de connaître l'architecture des différentes zones du cerveau de cet animal, de visualiser le départ des douze paires de nerfs crâniens, et d'effectuer des comparaisons avec les reptiles actuels.

actuellement considérées par certains paléontologues comme des signaux visuels de reconnaissance ou de dominance. Plus ces structures étaient développées (et colorées ?), plus l'animal était puissant. L'épais dôme crânien d'os compact des pachycéphalosaures est souvent interprété comme l'instrument de joutes tête contre tête, permettant à ces animaux d'établir une hiérarchie sociale comme le font nos chèvres actuelles. Et l'idée de deux cératopsiens entrecroisant leurs cornes dans une lutte rituelle à caractère sexuel ou territorial nous éloigne bien de l'image du dinosaure stupide et indolent.

Une idée répandue, la «stupidité» des dinosaures; un archétype, le gros sauropode : quelques grammes de cervelle pour un corps de plusieurs tonnes

En ce domaine, le record serait détenu par *Stegosaurus*, dont la cervelle ne dépassait pas la taille d'une noix pour deux tonnes de chair et d'os. Pourtant ce genre a persisté pendant plus de 10 millions d'années au Jurassique supérieur. Preuve que son cerveau était bien adapté à son mode de vie ! Il est vrai que les herbivores ont généralement l'encéphale moins développé que les carnivores. Chasser demande une bonne acuité sensorielle, le sens de la ruse et une coordination rapide des mouvements. Certains petits dinosaures carnivores avaient un cerveau proportionnellement aussi gros que celui des oiseaux actuels. Quant au mythe du deuxième cerveau situé dans les fesses, c'est encore une idée fausse ou tout au moins déformée. De nombreux dinosaures possèdent en effet un élargissement considérable de la moelle épinière au niveau des vertèbres sacrées. Mais cela ne constitue en fait qu'un centre relais qu'il est exagéré d'assimiler à un cerveau. Que signifie d'ailleurs le mot «stupide» pour des animaux qui ont dominé la Terre pendant près de 150 millions d'années ?

L'espace sonore du Mésozoïque : quand la musique vient au secours de la science!

Reconstituer le cri d'un dinosaure semble *a priori* être l'idée la plus utopique (sinon farfelue) qui soit. C'est pourtant ce qui a été tenté et de manière très scientifique. La longue crête osseuse de certains Lambéosaurinés est en fait une structure creuse. Bien des interprétations ont été avancées concernant le rôle de ce siphon aérien reliant la cavité nasale à l'arrière-gorge de l'animal.

S i la corne nasale de *Monoclonius* (en bas à droite) ou celle de *Styracosaurus* (en bas à gauche) constituait sans aucun doute une terrible arme de défense, celles qui ornent la bordure de la collerette du second jouent plus le rôle de parure que d'instrument belliqueux. Chez d'autres genres de cératopsiens, le bord de la collerette est festonné de petits ossicules triangulaires, comme c'est le cas chez *Triceratops*. L'importance de la taille de cette collerette et de ses ornementations apparaît aujourd'hui fondamentale dans le comportement social des cératopsiens aux yeux de nombreux paléontologues, et il n'est pas du tout invraisemblable que la peau couvrant cette collerette ait été richement colorée, ainsi que certains illustrateurs animaliers l'imaginent et la représentent souvent.

David Weishampel, de Philadelphie, a reconstitué en détail le passage de l'air dans cette crête et en a analysé les caractéristiques acoustiques. Les fréquences des ondes sonores ainsi émises, de 48 à 240 Hz, offraient une grande ressemblance avec celles... d'un instrument de musique médiéval à vent. Les Hadrosaurinés n'étaient pas pour autant condamnés au silence puisque certains chercheurs pensent que leur museau plat était recouvert d'un caroncule. Ce sac de peau glonflable (aux couleurs éclatantes, à l'instar de ce qui s'observe dans la nature actuelle?), aurait permis à ces animaux de manifester leur colère ou leur désir de manière visuelle et sonore. D'ailleurs pourquoi l'espace sonore des dinosaures demeurerait-il figé dans le silence de nos galeries de paléontologie ? Même les trémolos dinosauriens ne résistent pas aux investigations scientifiques.

L a longue excroissance osseuse tubulaire au sommet du crâne de *Parasaurolophus*, un Lambéosauriné (hadrosaure à crête) de la fin du Crétacé, a tour à tour été interprétée comme un tuba de plongée sous-marine, un déflecteur de feuillages, une formidable extension de la muqueuse nasale, ou, plus récemment, comme un système d'amplification vocale. Ces trois joueurs de cromorne (ci-dessous) tiraient peut-être de leurs instruments des sons comparables à ceux qu'émettait *Parasaurolophus* en certaines circonstances.

Les dinosaures n'ont peut-être pas complètement disparu à la fin de l'ère secondaire : les oiseaux en descendraient...

Affirmer un soir de réveillon que la dinde savamment rôtie pour l'occasion est en fait un dinosaure à plumes passerait pour une facétie de paléontologue éméché. C'est pourtant là une formulation presque convenable de l'une des trois hypothèses (très sérieuses) sur l'origine des oiseaux. La présence d'écailles sur les pattes de ces derniers et d'écailles modifiées que sont les plumes sur le reste du corps constitue l'un des

Découvert en 1877, près d'Eichstätt, à une vingtaine de kilomètres à l'est de Solnhofen, ce remarquable spécimen d'*Archaeopteryx* fut acheté peu de temps après pour 20 000 marks par Werner Siemens et réside depuis au Humboldt Museum, à Berlin-Est. L'historique des découvertes des restes de ce qui est toujours considéré comme l'oiseau le plus ancien a débuté en 1860 par une plume isolée dont l'empreinte est à Berlin-Est et la contre-empreinte à Munich. Puis un premier squelette fut trouvé un an plus tard et acheté par le British Museum (Londres). Cinq autres spécimens furent encore mis à jour, dont le dernier tout récemment, fin 1987. Tous proviennent de la même couche géologique du Jurassique supérieur datée de –140 millions d'années, tout comme le spécimen bavarois de *Compsognathus*, avec qui le premier oiseau partage de nombreux caractères ; à tel point que l'*Archaeopteryx* du musée d'Eichstätt, découvert en 1950 et interprété alors comme une forme juvénile de ce petit théropode, dut attendre 1973 pour être correctement identifié.

arguments prouvant leur ascendance reptilienne. Mais l'ancêtre de nos oiseaux doit-il être recherché parmi les thécodontes, les crocodiliens primitifs, ou les dinosaures, voilà la question qui partage les spécialistes. Quant à l'ascendance dinosaurienne des oiseaux, il ne s'agit pas d'imaginer qu'un *Triceratops* ou qu'un *Diplodocus* ait pu se transformer en mésange. Au centre du débat se situe *Archaeopteryx*, le plus ancien oiseau connu datant de la fin du Jurassique. Cet animal possède en effet quantité de caractères anatomiques communs avec les petits théropodes graciles artificiellement regroupés sous le terme de «cœlurosaures». Comme bien des interrogations concernant les dinosaures, la question est loin d'être réglée, faute de matériel; mais pour de nombreux spécialistes, les dinosaures sont toujours parmi nous grâce à la radiation évolutive particulière de petits «cœlurosaures» du Trias ou du début du Jurassique.

P ourquoi ont-ils disparu? Leur
extinction mystérieuse renforce
l'image caricaturale faisant d'eux
des animaux incapables de s'adapter.
Pourtant la terre des dinosaures ne
fut pas un cadre de vie figé. Leur
environnement n'a cessé de
se modifier. 150 millions d'années
d'existence ne constituent pas un
moindre exploit, surtout lorsque la
végétation change et que les continents
bougent.

CHAPITRE V

ÊTRE DINOSAURE DANS UN MONDE EN PLEINE MUTATION

L es végétaux
fossilisés, lorsqu'ils
sont assez bien
conservés pour être
déterminés comme
cette palme de
Flabellaria, une
angiosperme du
Tertiaire d'Aix-en-
Provence, ont
beaucoup de choses
à nous apprendre.

Durant leur règne, les dinosaures ont eu à faire face à l'un des bouleversements majeurs de notre planète : la grande révolution des plantes à fleurs. Il y a 120 millions d'années environ, le paysage végétal, source principale de nourriture pour la grande majorité des dinosaures, commençait à subir une transformation considérable.

Cette révolution de la flore, assez lente toutefois, est sans doute à mettre en relation avec l'émergence de nouvelles familles de dinosaures

Aux fougères arborescentes, prêles, cycadales et autres conifères constituant l'essentiel de la flore continentale jusqu'à la fin du Jurassique, allait progressivement se substituer une catégorie de plantes dont le succès ne fera que croître : les angiospermes. Communément nommés les «plantes à fleurs», ces végétaux sont déjà présents vers le milieu du Crétacé inférieur; leur pollen a été retrouvé dans les sédiments de cette époque, mais il faut attendre la fin du Crétacé inférieur pour que leurs macrorestes fassent partie, de manière irréfutable, du témoignage fossile. Certaines de ces familles pionnières possèdent encore des représentants dans la nature actuelle; c'est par exemple le cas des Platanacées, des Araliacées ou des Magnoliacées. Cératopsidés, Ankylosauridés, pachycéphalosaures et Hadrosauridés vont, dans la seconde moitié du

L es prêles (en haut, à gauche) sont toujours représentées dans la nature actuelle, mais y sont beaucoup plus discrètes qu'à l'époque des dinosaures, tant par le nombre que par la diversité. Les fougères, dont les frondes transformées en pierres nous rappellent la longue existence, semblent quant à elles avoir beaucoup mieux résisté à l'invasion des angiospermes. Puissante lignée apparue au cours du Primaire, bien avant les dinosaures, les fougères ont connu une variété extraordinaire de formes comme l'illustrent ces deux frondes fossilisées du Secondaire, l'une (à gauche) datant de la transition Jurassique-Crétacé et provenant du gisement de Canjuers (Var) et l'autre (ci-dessous) datant du Jurassique et provenant du Sud-Est asiatique.

Crétacé, occuper les niches écologiques laissées vacantes par d'autres dinosaures herbivores, tels que les Brachiosauridés ou les stégosauriens.

Populations et peuplements : la conquête des territoires ou la paléogéographie à la trace

Depuis longtemps, les géologues et les paléontologues ont noté une certaine ressemblance entre les faunes de dinosaures dispersées sur différents continents. Dès 1912, Alfred Wegener, le père de la dérive des continents, en fait même l'un de ses arguments, lors de l'élaboration de sa théorie : si les peuplements de dinosaures de Madagascar, de l'Inde et de la Patagonie présentent une certaine similitude, cela n'est pas le fruit du hasard. Unanimement admise aujourd'hui sous le nom de tectonique des plaques (par référence aux mécanismes qui la régissent), la dérive des continents transforma considérablement le visage de la Terre durant le règne des dinosaures. Au Trias, toutes les terres émergées étaient réunies en un supercontinent : la Pangée. Cet immense bloc allait lentement se disloquer tout au long du Mésozoïque, grâce à l'ouverture progressive des différents océans. Il y a 64 millions d'années, la physionomie de la surface du globe atteignait déjà une configuration proche de celle que nous lui connaissons actuellement. Ces dernières années, la comparaison des fossiles de dinosaures découverts dans le Crétacé inférieur d'Afrique (Niger et Cameroun notamment) avec ceux du Brésil a constitué un argument paléontologique d'importance primordiale permettant de préciser la chronologie de l'ouverture de

Sur certains végétaux la fossilisation a parfois conservé tant de détails qu'il est possible d'en déterminer avec précision le genre et l'espèce. Tel est le cas de ces fleurs de *Bombax sepultiflorum*, une angiosperme de l'Oligocène d'Aix-en-Provence, dont les étamines se sont fossilisées. Dans les paysages du Crétacé, l'apparition et le développement très rapide des plantes à fleurs ont sans aucun doute bouleversé les habitudes alimentaires des dinosaures herbivores.

Parmi les plus anciennes angiospermes à avoir conquis le globe, les Magnoliacées, réputées de nos jours pour la beauté de leurs grandes fleurs (ci-dessus), faisaient peut-être partie du menu de certains herbivores du Secondaire.

l'Atlantique Sud. De même, la distribution des différents groupes de dinosaures du Crétacé supérieur atteste de certaines connexions disparues aujourd'hui entre les continents. Les migrations de dinosaures permettent donc de vérifier les modèles de paléogéographie. En revanche, l'isolement géographique précoce de certaines régions du globe a permis aux populations de dinosaures de se diversifier et d'évoluer différemment que sur les grandes masses continentales.

L'extinction des dinosaures : les données du problème

Si les 150 millions d'années de règne des dinosaures exercent une fascination quasi mythique sur notre imagination, leur extinction ne fait qu'accroître cette renommée. Elle constitue sans aucun doute l'une des énigmes scientifiques suscitant le plus d'intérêt parmi le grand public. Pourtant, le même mystère entoure la disparition de beaucoup d'autres groupes zoologiques tout au long de l'histoire de la vie sur Terre.

Les extinctions massives ayant marqué la transition entre le Permien et le Trias, il y a 250 millions

Cette peinture d'Eleanor Kish, où l'on aperçoit la tête d'un pachycéphalosaure – le reptile à la tête épaisse – caché sous la luxuriante végétation de la fin du Crétacé pour se protéger de la pluie battante, pourrait être interprétée, en d'autres temps, comme une représentation du déluge biblique. Pluies diluviennes et fin du monde, telle est la vision qui a hanté les auteurs anciens, généralement plus mystiques que scientifiques.

d'années, sont loin de captiver aussi intensément les non-spécialistes. La disparition des rois du Mésozoïque occulte même souvent celle, simultanée, de nombreux autres groupes. Les ptérosaures, les ichtyosaures, les mosasaures, les plésiosaures, mais aussi de nombreux invertébrés tels les ammonites, les bélemnites, les rudistes, ne survivront pas à la transition Crétacé-Tertiaire, il y a 64,5 millions d'années. Cependant, l'idée d'une extinction brusque et surtout synchrone à l'échelle mondiale reste encore une hypothèse à vérifier. Les dinosaures ont-ils tous disparu en même temps sous l'effet de quelque catastrophe de grande ampleur, ou furent-ils les victimes d'un lent déclin inexorable? Aucun argument irréfutable ne permet d'affirmer l'une ou l'autre de ces deux possibilités. Pourtant, plus de soixante théories ont à ce jour été émises pour expliquer les causes de ce phénomène, mais sans qu'aucune satisfasse pleinement l'ensemble des paléontologues.

Mais les trombes d'eau venues du ciel ne constituent plus maintenant une explication satisfaisante à la disparition des dinosaures, surtout depuis que l'on sait avec certitude qu'une régression marine de grande ampleur est associée aux phénomènes d'extinction ayant marqué la fin de la période crétacée. Le seul déluge réellement en relation avec la fin du règne des dinosaures est le déluge d'hypothèses pseudo-scientifiques qui prétendent l'expliquer.

Plus de soixante théories allant du canular à l'hypothèse scientifiquement étayée

Ces hypothèses, qu'elles soient catastrophistes ou gradualistes, sont bien sûr de valeur scientifique très inégale. Bon nombre d'entre elles reflètent simplement l'imagination la plus débridée de leur auteur. Cette pléiade de théories, des plus sérieuses aux plus farfelues, peuvent être classées en sept grandes catégories. Le manque ou la surabondance de nourriture, la destruction de certains végétaux par les insectes ou les empoisonnements dus à la présence de substances toxiques dans les plantes constituent quelques-unes des hypothèses faisant intervenir une cause alimentaire.

Certains auteurs ont cherché une explication propre aux dinosaures – vieillissement de la «race», dérèglement du métabolisme, infarctus du myocarde, non éclosion des œufs ou tendances suicidaires résultant d'un excès de mélancolie ou de stupidité –, alors que d'autres trouvent la clé du mystère dans une agression biologique : épidémies, parasitisme, élimination de tous les dinosaures herbivores par les carnivores qui s'entre-dévorèrent ensuite, fringales exagérées de la part des petits mammifères qui se gavèrent des œufs des grands reptiles... Si les causes climatiques peuvent se résumer à un réchauffement, un refroidissement, des inondations ou des sécheresses, les causes géologiques et atmosphériques sont les plus nombreuses : poussières volcaniques, gaz nocifs, déplacement de l'axe de rotation de la Terre, surrection de montagnes, extraction de la Lune du bassin Pacifique, régressions ou transgressions marines. Les causes astronomiques ont bien sûr été évoquées de tout temps. Enfin, certains expliquent tout simplement la disparition des dinosaures par un manque de place dans l'arche de Noé, une volonté divine ou l'action destructrice de petits hommes verts venus d'ailleurs. Cette énumération, digne d'un poème de Prévert, révèle en fait une autre extinction : celle de l'esprit scientifique.

P armi les causes invoquées ces dernières années pour expliquer la vague d'extinction du Mésozoïque, les ravages dus aux éruptions volcaniques ou au passage d'une comète au voisinage de la Terre figurent en bonne place. Transposés à l'échelle de la planète entière, les déluges de feu et de scories crachés par les volcans (ci-dessus l'Etna) deviennent apocalyptiques par les conséquences biologiques qu'ils entraînent. Quant aux comètes (en bas la comète de Halley), leur passage périodique dans notre galaxie n'a jusqu'à présent pas eu les effets catastrophiques régulièrement prédits par certains, et il est difficile d'y voir la cause d'extinctions sélectives.

Actuellement, seules trois théories s'affrontent réellement sur le plan scientifique

Ces trois théories ont le mérite d'être globales en ce sens qu'elles tentent d'expliquer l'ensemble des phénomènes d'extinction de la fin du Secondaire, et non la seule disparition des dinosaures. De plus, elles sont toutes trois fondées sur l'interprétation (qui, elle, reste discutable) de faits réels. L'intérêt du grand public pour l'astrophysique a favorisé ces dernières années la théorie d'une collision entre un astéroïde et la Terre. Elle est basée sur la découverte par le Dr Alvarez (de Berkeley) et son équipe d'un niveau enrichi en iridium dans les sédiments marquant la limite entre le Crétacé et le Tertiaire. Or l'iridium, généralement assez rare sur Terre, est un élément plus abondant dans les matériaux d'origine cosmique.

A *l'aube d'un nouveau jour*, tel est le titre donné par Mark Hallett à cette peinture où les petits mammifères prennent possession d'un squelette de *Triceratops*. Symbole de la fin d'une longue attente qui fut la leur, ils partent à la conquête du monde en foulant les restes des dinosaures. Mais sont-ils à l'origine du déclin et de l'extinction des grands reptiles du Secondaire comme le prétendent certaines théories? Cette hypothèse semble en réalité peu probable. Les mammifères ont en fait utilisé avec profit l'opportunité qui leur était donnée par la disparition des dinosaures pour occuper les niches écologiques laissées vacantes au début du Tertiaire.

La collision d'un gigantesque astéroïde ou d'un noyau de comète avec notre planète aurait opacifié pendant plusieurs mois l'atmosphère en y projetant une masse considérable de poussière. L'arrêt de la photosynthèse des végétaux serait le point de départ d'une rupture de la chaîne alimentaire, condamnant à mort certains animaux, dont les dinosaures. Cette hypothèse est loin de faire l'unanimité des scientifiques. En effet, d'autres niveaux riches en iridium sont connus et ne semblent pas être associés à des vagues d'extinctions. Cette théorie catastrophiste n'explique pas non plus la persistance de nombreux groupes zoologiques à l'écologie fragile. Quant au point d'impact, il demeure introuvable! La seconde hypothèse à prendre en considération, récente elle

Quel fut le dernier dinosaure? Peut–être ce stégosaure qui, au terme d'une longue agonie, est venu mourir au pied d'un séquoïa. Mais derrière cette question de peu d'intérêt se cache un problème fondamental. Certains paléontologues pensent que l'extinction des dinosaures et des autres groupes qui disparurent en même temps s'est étalée sur un, voire deux ou trois millions d'années.

aussi, propose à peu près le même scénario, mais avec une cause différente. Pour certains chercheurs, la concentration d'iridium dans les couches géologiques serait plus simplement le résultat d'une activité volcanique intense. Les basaltes du massif du Deccan, en Inde, datés de la limite Crétacé-Tertiaire, attesteraient d'une telle «catastrophe lente». L'obscurcissement progressif de l'atmosphère, dû à l'émission d'une importante quantité de poussières volcaniques, aurait eu les mêmes effets sur la flore et la faune, mais sans la brutalité d'une collision. Là encore, on bute sur un certain nombre de faits géologiques ou paléontologiques, et des années de recherche seront encore nécessaires pour infirmer ou confirmer cette explication.

Ce laps de temps représente une durée à peu près égale à la période écoulée entre l'apparition du premier hominidé et nous. Pour d'autres, ce phénomène aurait été observable à l'échelle humaine. L'importance du facteur temps est ici, comme dans tout ce qui touche à l'histoire de la Vie, un paramètre difficile à mesurer, auquel notre esprit a parfois beaucoup de mal à s'adapter.

La grande régression marine du Crétacé

Depuis 25 ans, il existe une autre théorie qui n'a jamais pu être complètement réfutée, bien que souvent critiquée. Emise en 1964 par Léonard Ginsburg (du Muséum National d'Histoire Naturelle, Paris), elle s'appuie sur un événement géologique connu et de portée mondiale : la grande régression marine de la fin du Crétacé. Les fluctuations du littoral (régressions ou transgressions) n'ont certes rien d'exceptionnel dans l'histoire de la Terre, mais l'ampleur du phénomène ayant marqué le crépuscule du Mésozoïque semble avoir été considérable. Le retrait des eaux, en découvrant une grande partie du plateau continental (jusqu'à la cote – 200 m), aurait provoqué la disparition de quantité d'organismes marins inféodés à ce milieu.

Les extinctions des faunes terrestres seraient le résultat des changements climatiques entraînés par l'agrandissement de la surface des terres émergées

Les variations saisonnières et les différences de température, plus marquées entre le jour et la nuit, d'un climat devenant continental auraient eu des conséquences mortelles pour des animaux poïkilothermes de grande taille comme les dinosaures ou même les ptérosaures, tout en permettant aux petits reptiles, aux crocodiles à l'anatomie si particulière et aux animaux homéothermes de survivre. Cette hypothèse constitue le modèle scientifique le plus simple, donc le plus fiable *a priori*, malgré certaines lacunes il est vrai. En fait, les spécialistes des dinosaures ne sont pas si nombreux à s'intéresser à leur disparition. Pour au moins deux raisons : d'une part le phénomène n'est pas propre à ce groupe et les causes en sont beaucoup plus générales et il y a, d'autre part, tellement à faire pour comprendre comment ils ont vécu avant de chercher comment ils sont morts. Qui furent les dinosaures ? Des animaux dont le magnifique épanouissement durant 150 millions d'années réserve encore bien des énigmes à résoudre pour des générations de paléontologues.

TÉMOIGNAGES
ET DOCUMENTS

« Quelles masses prodigieuses ! Quels
animaux et quelles plantes ! Ces êtres
fantastiques ont vu les Alpes, les
Pyrénées sortir lentement de la mer. Ils
ont marché dans les avenues ombreuses
de fougères et d'araucarias. Paysages
grandioses des âges disparus ! »

Zimmermann

La chasse aux dinosaures

Savant aux allures de baroudeur, le chasseur de dinosaures doit faire preuve d'une compétence égale dans la lecture des cartes, le maniement du marteau, ou la rédaction d'une description scientifique.

De l'exhumation à la présentation au public, la résurrection d'un dinosaure demande au spécialiste une parfaite maîtrise des techniques de terrain associée à de bonnes connaissances en géologie, avant d'appliquer son savoir à l'étude proprement dite du matériel.

Beaucoup marcher et ouvrir l'œil : la prospection

Les ossements de dinosaures ne se rencontrent pas n'importe où. Ils sont bien entendu limités aux formations géologiques d'âge Mésozoïque, bien qu'il existe de rares cas de remaniement dans des sédiments postérieurs, comme par exemple cette dent d'hadrosaure découverte dans les faluns de Touraine datés du Tertiaire. De plus, la fossilisation des dinosaures revêt un caractère assez exceptionnel du fait de l'habitat terrestre de ces animaux. Le cadavre du dinosaure doit donc avoir été rapidement entraîné vers un milieu aquatique, lac, rivière, estuaire, lagune par exemple, pour être protégé par du sédiment de l'action destructrice des nécrophages, des bactéries ainsi que des dégradations physico-chimiques dues aux conditions atmosphériques. Toutes les couches sédimentaires de l'ère Secondaire ne renferment donc pas des restes de dinosaures, et lorsque l'une d'elles se révèle fossilifère, ce n'est généralement que très localement.

Le hasard tient alors une place prépondérante. Carriers, mineurs, ouvriers du bâtiment ou des travaux publics, géologues de terrain et d'une manière générale tous ceux dont l'activité professionnelle est de creuser le sous-sol sont ainsi à l'origine de bien des découvertes. Le travail des géologues et paléontologues amateurs est aussi d'une extrême importance grâce à la connaissance qu'ils ont d'une

région pour la parcourir inlassablement pendant leurs loisirs. Et les découvertes qu'ils signalent aux spécialistes sont souvent d'un grand intérêt. En revanche, lors de missions pluridisciplinaires dans des régions du monde peu connues, la prospection intensive peut durer plusieurs jours, voire plusieurs semaines. Le choix du lieu de ces missions n'est jamais laissé au hasard, mais sélectionné pour avoir déjà livré des restes de dinosaures ou parce que potentiellement riche par comparaison à des formations géologiques identiques recélant des fossiles de dinosaures.

Dans tous les cas, le chasseur de dinosaures commence par chercher des indices. Esquilles osseuses, éclats de dents, ces fragments souvent minuscules, gisant sur le sol, permettent, par leur densité, leur position, leur orientation par rapport aux reliefs du terrain, au spécialiste de déduire leur provenance. Car seule présente un intérêt pour le paléontologue la découverte d'ossements fossilisés en place dans la couche géologique.

Les fouilles

Une fois qu'un squelette a été localisé, le travail de fouille peut commencer. Les moyens mis en œuvre à ce stade peuvent être très importants, comme par exemple l'utilisation de bulldozers, de marteaux piqueurs ou d'explosifs pour déblayer les couches supérieures de mort terrain. Car il s'agit pour le paléontologue d'obtenir la surface de fouille la plus importante possible, afin de mettre le dinosaure à jour par le dessus et non de sortir les os un par un en creusant des galeries de taupe, comme le font trop souvent certains amateurs. L'étape suivante demande beaucoup plus de finesse dans les techniques, puisqu'on dégage ensuite la

Travail sur le terrain : à droite un technicien dégageant un os de *Stegosaurus* à l'aide d'une pointe.

face supérieure des ossements, en essayant de tout laisser en place. Marteaux, pointes, burins, aiguilles s'associent à la colle, aux brosses et aux pinceaux pour faire apparaître les os encore enchâssés dans la gangue. Selon la dureté du sédiment, ce travail demande des heures, parfois des jours ou des semaines de labeur méticuleux. Le paléontologue échange ensuite ses outils de dégagement contre son matériel de relevés pour recueillir le maximum d'informations : plan de la disposition des os, orientation, position dans la couche géologique, mais aussi association d'autres fossiles (invertébrés, vertébrés ou plantes), nature du sédiment, traces ou empreintes, etc. Une fois les prélèvements d'échantillons de sédiments effectués, il faut songer à « sortir » les fossiles.

Extraction et transport

Les os ne sont que très rarement complètement dégagés sur le lieu de fouilles et recueillis tels quels. Généralement fragmentés ou microfracturés, ils tomberaient en

Travail sur le terrain aux U.S.A. Page suivante: fouilles en Thaïlande et en Chine populaire.

morceaux à la moindre tentative d'extraction. Le dégagement se poursuivra en fait au laboratoire, où chercheurs et techniciens disposent de moyens beaucoup plus sophistiqués et de meilleures conditions de travail. Il est donc nécessaire d'enlever des blocs de sédiments contenant les fossiles, sans dissocier ces derniers, et de réaliser une coque protectrice, généralement en plâtre, enveloppant le tout pour assurer le transport dans de bonnes conditions. Dans le cas d'un dinosaure de petite taille, le squelette entier pourra être plâtré en une seule fois. Sinon, plusieurs plâtres seront réalisés. Pour ce faire, une profonde saignée est pratiquée autour du bloc, et après avoir protégé les ossements par divers rembourrages, les faces supérieure et latérale de ce bloc seront enveloppées de bandes plâtrées. L'opération la plus délicate consiste maintenant à décoller l'ensemble du reste de la couche à l'aide de longs burins et à le retourner pour terminer le plâtre. D'autres matériaux comme la mousse polyuréthane peuvent être utilisés pour extraire et transporter les fossiles, mais la technique reste la même.

Travail en laboratoire, paléontologues reconstituant le crâne d'un tyrannosaure (à droite).

Les techniques de laboratoire

Une fois les plâtres parvenus sans encombre au laboratoire, le dégagement des fossiles peut se poursuivre, et la lente restauration du dinosaure commence alors. Outre les moyens classiques de dégagement manuel, vont entrer en action sableuses, bains d'acide, micrograveurs pneumatiques, fraises électriques, selon la nature de la gangue à enlever. Ces travaux exigent un savoir-faire rigoureux et sont le plus souvent menés à bien par des techniciens spécialisés,

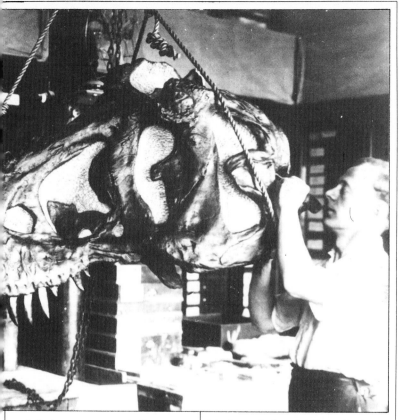

mais il n'est pas rare que le paléontologue participe ou assure lui-même une bonne partie du dégagement. La restauration peut prendre des mois, voire des années dans le cas de pièces particulièrement délicates ou de dinosaures de grande taille ; Différentes sortes de colles, résines ou enduits seront utilisés selon la destination finale du dinosaure : simple conservation dans les collections, montage pour exposition au public, ou retour dans le pays d'origine. Certaines pièces du squelette seront alors moulées à la demande du spécialiste et les tirages en plâtre ou en résine serviront aux échanges entre les diverses institutions de paléontologie à travers le monde. Reste alors au paléontologue à s'atteler au travail scientifique proprement dit dans le silence de son bureau : détermination des os, description, comparaison, traitement informatisé des données, publication de ses résultats ou hypothèses, c'est-à-dire faire parler les squelettes !

Jean-Guy Michard

Les fossiles marqueurs du temps terrestre

Etablir une succession des événements qui se sont déroulés au cours des temps géologiques, et connaître l'intervalle de temps qui les sépare, en fait établir une chronologie : tel est le problème qui se pose à la biostratigraphie.

A la différence des historiens, les géologues et les paléontologues ne disposent pas de documents écrits, les archives qui marquent le temps et les événements qui se sont déroulés au cours de l'histoire planétaire, sur des millions d'années, étant pour eux contenues et inscrites dans les roches, essentiellement les roches sédimentaires.

Les grands principes de la stratigraphie

Une formation sédimentaire composée de couches représente a priori la fraction du temps qui a été nécessaire pour que s'accumulent les dépôts dont elle est faite. Mais elle restitue aussi l'ordre de succession des événements géologiques et biologiques dont elle a conservé les traces. La connaissance de ces événements a conduit à énoncer trois principes.

● Le principe de superposition admet que, dans une série de couches qui se sont déposées horizontalement, la plus ancienne est située en dessous. Toute couche qui la recouvre est plus récente. Ce principe était déjà posé dès le XVIIᵉ siècle par Stenon.

L'application stricte de ce principe se heurte parfois à des difficultés d'interprétation, notamment lorsque des mouvements tectoniques postérieurs au dépôt des couches en ont affecté l'ordre. Ainsi existe-t-il des séries dites renversées, où l'on doit interpréter la couche de base comme la plus récente. D'autres exceptions comme les intrusions volcaniques, les remplissages filoniens peuvent gêner la stricte application de ce principe. Mais dans la majorité des cas, surtout dans les bassins sédimentaires, où il fut défini, ce principe peut être appliqué sans restriction.

● Avec le principe de continuité on aborde une notion déjà plus fine du temps. En effet, ce principe propose d'admettre qu'une couche donnée est en tous ses points de même âge, c'est-à-dire qu'elle s'est déposée au même moment. Là encore, des difficultés notables viennent faire obstacle à une application stricte de ce principe : il n'est pas toujours aisé, par exemple, de suivre une couche sur toute son extension géographique : les conditions d'affleurement des couches ; leur disparition sous le couvert végétal et les lacunes dues à l'érosion constituent les obstacles majeurs et extrêmement fréquents. D'autre part, une couche qui se dépose lors d'une avancée marine n'aura pas le même âge en tous ses points, elle sera de plus en plus récente au fur et à mesure de cette progression.

Historiquement, c'est tout d'abord d'après leur aspect (en fait leur caractère lithologique) que l'on identifia et reconnut les couches sédimentaires. Mais les progrès réalisés dans la stratigraphie firent apparaître, par exemple, que les couches de charbon si abondantes dans le Carbonifère (système auquel elles ont donné leur nom) pouvaient s'être déposées également pendant des périodes antérieures ou postérieures à ce système. Cette constatation conduisit naturellement à chercher et à retenir d'autres indices pour contourner ce problème.

● Les géologues apprirent ainsi à utiliser comme marqueurs du temps terrestre les fossiles contenus dans les couches sédimentaires. Ainsi, il est apparu que les couches contenant les mêmes espèces paléontologiques devaient être considérées comme de même âge.

Ce principe d'identité

paléontologique reconnaissait donc de fait que les êtres vivants qui vivaient autrefois étaient différents des formes actuelles, que la durée de vie des espèces était limitée dans le temps, et de plus qu'il existait une certaine continuité entre les espèces. Parmi les premiers à avoir montré l'importance de l'utilisation des fossiles dans la stratigraphie, Brongniart fut le plus ardent défenseur de ce principe allant même jusqu'à donner une importance prépondérante aux fossiles sur les caractères lithologiques. Étayant son choix, il compara les faunes de craie de Brighton à celles de Dieppe et de Meudon, proposant ainsi la première corrélation entre des terrains de même âge, mais séparés géographiquement.

Datations « relatives » et datations « absolues »

La chronologie relative permet donc de savoir que telle couche sédimentaire est plus ancienne que telle autre. Mais elle ne permet pas de lui attribuer un âge absolu. Au contraire, la datation absolue qui repose sur des données quantitatives, celles de la mesure de la décroissance de la radioactivité des minéraux contenus dans la roche, permet de fixer une ancienneté plus précise.

Si, dans bien des cas, cette revue des diverses méthodes d'utilisation des fossiles en biostratigraphie montre qu'une solution satisfaisante peut être trouvée, il existe des situations de « blocage ». C'est le cas des terrains azoïques, c'est-à-dire sans aucune trace de vie ; cet obstacle apparemment incontournable par les méthodes classiques de datation relative peut malgré tout être abordé, – soit par datation absolue ; – soit que ces terrains azoïques sont recoupés par des terrains qui peuvent, eux, être datés.

La chronologie fondée sur le principe d'identité paléontologique n'a jusqu'ici jamais été remise en question et reste, malgré les progrès des méthodes de datation absolue, fiable dans la majorité des situations.

L'échelle des temps géologiques

Une fois connus les événements géologiques et biologiques, ainsi qu'une approximation raisonnable du temps qui sépare deux événements successifs, il reste à dresser un calendrier ou une série d'intervalles de temps entre lesquels existent des coupures.

L'idée la plus simple qui vient à l'esprit pour évaluer le temps représenté par une épaisseur donnée d'une série sédimentaire est que celle-ci, quelle que soit la nature du terrain, correspond à un même temps de sédimentation. Cette idée est inexacte car les vitesses de sédimentation dépendent de multiples facteurs et peuvent s'échelonner, selon les régions et pour une même série sédimentaire, de quelques dizaines de

mètres à plusieurs milliers de mètres. Il est également nécessaire de repérer divers événements géologiques tels que des lacunes de sédimentation d'une part, les concordances d'autre part (lorsqu'il n'y a aucun angle entre les couches sédimentaires, ce qui traduit une sédimentation régulière sans changement important des conditions de dépôt). La mise en évidence d'autres phénomènes comme les transgressions (mouvement général de progression du niveau de la mer sur le continent) ou les régressions, phénomène inverse, ont permis d'établir la notion de cycle sédimentaire et contribuent à mettre en place les coupures. Mais c'est encore une fois les arguments paléontologiques qui se révèlent les plus utiles pour argumenter de la mise en place des coupures.

Toutefois gardons présent à l'esprit que toute coupure, si elle est arbitraire, reste indispensable pour fixer des repères dans le temps, qui demeure par essence continu. Il faut alors, comme on découpe le temps en secondes, minutes... proposer des équivalents pour dresser un calendrier géologique. Ce sont, par ordre d'importance :
● La biozone, dans laquelle une même espèce fossile se retrouve ; on rejoint ici la notion de fossile stratigraphique.
● L'étage, qui constitue la coupure regroupant un ensemble de biozones. Cette notion fut introduite par d'Orbigny en 1852. L'étage est défini par la coupe géologique d'une localité donnée dans des séries marines : c'est le stratotype qui est la référence. Il porte généralement le nom de cette localité. Ainsi le Givétien tire son nom du village de Givet dans les Ardennes, où est défini ce stratotype. La base de l'étage est définie obligatoirement par l'apparition d'une espèce et correspond

« L'échelle stratigraphique est la seule approche pour situer dans le temps les événements biologiques et géologiques. »

à une transgression marine. Le sommet de l'étage est marqué par une régression marine, dont l'ambiguïté demeure quant à sa définition paléontologique (quoique la base de l'étage suivant puisse servir de repère).

● La coupure d'ordre supérieur est le système qui repose sur la définition de cycle sédimentaire. Il comprend un ensemble d'étages et porte en général le nom d'une région du sud-est de la Grande-Bretagne, ou bien encore le Jurassique dont le nom dérive du Jura ; le Crétacé, par contre, tire son nom de la craie.

● Les systèmes se regroupent en ères fondées pour l'essentiel sur des critères paléontologiques et stratigraphiques, et caractérisés par de profonds renouvellements de faunes ou de flores. L'argument paléontologique reste prépondérant surtout en raison des disparitions de faunes. Ainsi l'extinction des trilobites et des fusulines marque la fin de l'ère Primaire, et celle des ammonites, des

dinosaures, des reptiles volants et marins, la fin de l'ère Secondaire.

L'échelle stratigraphique demeure imparfaite ou plutôt reste perfectible à plus ou moins long terme, même s'il n'est pas sans risque d'étendre et de généraliser des conclusions tirées d'observations locales. Néanmoins, elle est construite sur des règles admises de tous et constitue donc un langage international dont le contenu est constamment affiné et revu lors de congrès et rencontres consacrés à la biostratigraphie. En outre, elle représente la seule approche pour situer dans le temps les événements biologiques et géologiques. Ce caractère indispensable demeurera tant qu'une chronologie absolue ne pourra s'appliquer aux formations sédimentaires.

Extrait de l'article d'Hervé Lelièvre, *Dossiers Histoire et Archéologie*, n° 102, « Sur les pas des Dinosaures »

Fossiles et dérive des continents

Les fossiles ne sont pas seulement des marqueurs des temps géologiques. Ils témoignent aussi des géographies changeantes du globe car ils sont liés, dans leur répartition, aussi bien aux climats du passé qu'aux voies de communication qui étaient disponibles au moment de leur existence.

Lorsque l'Allemand Wegener fit connaître, en 1912, sa fameuse hypothèse sur le déplacement des continents, il y avait déjà longtemps que s'accumulaient des données géologiques et paléontologiques qui faisaient pressentir que les géographies successives du globe avaient bien varié au cours des temps. Dès le XIXᵉ siècle, certains auteurs, tel Snider, avaient osé envisager que les continents aient pu dériver les uns par rapport aux autres, mais ils n'avaient fourni aucune argumentation convaincante à l'appui de cette hypothèse. Pour rendre compte de troublantes similitudes observées entre les faunes et flores fossiles de continents maintenant séparés par de larges océans, on préférait donc imaginer que ces continents avaient été jadis reliés entre eux par de longues langues de terres, les ponts continentaux, par lesquels se seraient effectuées les migrations des êtres vivants, et qui auraient été ultérieurement engloutis ou submergés. Wegener, le premier, allait s'attaquer à la théorie des ponts continentaux en fournissant tout un faisceau d'arguments qui lui permettaient de conclure qu'en fait l'ensemble des terres émergées étaient jadis rassemblées en une masse unique, la Pangée ; cette Pangée s'était ultérieurement fragmentée pour constituer des continents qui s'étaient progressivement séparés les uns des autres par translation.

Le cas des marsupiaux

A l'appui de sa théorie, Wegener a utilisé une série de données d'inégale valeur, dont les plus convaincantes étaient d'ordre zoogéographique, paléontologique et paléoclimatologique. Il a accordé notamment une importance toute particulière à la répartition des marsupiaux. Ces mammifères, si caractéristiques de la faune australienne actuelle, sont représentés également en Amérique du Sud, et une espèce, l'Opossum, pénètre jusqu'en Amérique du Nord. En revanche, ainsi que l'avait déjà signalé Wallace vers la fin du XIXᵉ siècle, il n'y a pas de marsupiaux dans les îles de la Sonde, pourtant relativement proches de l'Australie. Wegener a vu dans cette répartition un excellent argument en faveur de sa théorie du déplacement des continents. Selon lui, en effet, au moment de l'expansion des marsupiaux, c'est-à-dire au début du Cénozoïque, l'Australie était accolée au continent antarctique, et celui-ci touchait la pointe australe de l'Amérique du Sud. Il pouvait donc y avoir libre circulation des faunes terrestres de l'Australie à l'Amérique du Sud, et la distance entre ces deux continents n'était pas alors considérable. En revanche, les îles de la Sonde se trouvaient rattachées à l'Asie, et elles étaient donc très largement séparées de l'Australie par un vaste espace océanique. C'est seulement plus tard que l'Amérique du Sud, le continent antarctique et l'Australie se seraient individualisés et auraient progressivement dérivé pour venir prendre leur place actuelle. Ainsi s'expliquait très logiquement la répartition maintenant très disjointe du groupe des marsupiaux. Dans la théorie des ponts continentaux, qui suppose que les continents aient toujours occupé la position qu'ils ont actuellement, on conçoit en revanche l'énorme difficulté qu'il y avait à rendre compte des affinités entre les faunes australienne et sud-américaine. [...]

Bien d'autres données zoogéographiques et paléontologiques ont été reprises par Wegener pour justifier la théorie des translations continentales. S'intéressant aux relations entre l'Afrique et l'Amérique du Sud, Wegener a rappelé le cas d'un petit reptile, *Mesosaurus*, qui vivait au Permien, c'est-à-dire à la fin de l'ère primaire, en Afrique du Sud et au Brésil et qu'on ne connaît nulle part ailleurs : comment rendre compte de cette répartition autrement que par la contiguïté de l'Amérique du Sud et de l'Afrique ? D'autre part, dans la nature actuelle, les lamantins, qui sont des gros mammifères aquatiques de l'ordre des Siréniens vivent dans les fleuves et les mers chaudes et peu profondes de l'Ouest africain et des régions tropicales de l'Amérique, mais ils sont tout à fait incapables de traverser l'océan Atlantique. Selon Wegener, l'explication la plus simple d'une telle répartition consistait à admettre que l'océan Atlantique n'avait pas toujours été aussi vaste qu'aujourd'hui, et qu'il s'était formé progressivement, jusqu'à atteindre sa largeur actuelle, par simple écartement graduel de l'Amérique du Sud et de l'Afrique. Cette explication de la répartition géographique disjointe des lamantins reste cependant bien fragile dans la mesure où on ne connaît rien de leur histoire paléontologique.

Le continent aux « Glossopteris »

L'un des principaux arguments utilisés par Wegener à l'appui de sa théorie était d'ordre à la fois paléontologique et paléoclimatologique. Au Permien inférieur, les flores fossiles d'Amérique du Sud, d'Afrique australe, de l'Inde et de l'Australie sont caractérisées par l'abondance d'une plante appelée

Glossopteris. La flore à *Glossopteris* se compose de végétaux dont le développement reste modéré, indiquant un climat tempéré – voire froid – plus froid en tout cas que celui des continents du Nord, où une végétation exubérante dénotait un climat tropical humide. La communauté de flores observée entre l'Amérique du Sud, l'Afrique, l'Inde et l'Australie supposait donc d'une part que toutes ces terres étaient alors regroupées en une seule masse, qu'on a appelée le Gondwana, et d'autre part que les régions où sont connues des

flores à *Glossopteris* se situaient dans une zone de latitude tempérée à froide, et donc qu'elles se trouvaient toutes à une distance sensiblement égale du Pôle Sud. Il ne restait alors plus à Wegener qu'à réassembler l'Amérique du Sud, l'Afrique, l'Inde et l'Australie autour du continent antarctique où il plaçait le Pôle Sud. [...]

L'ouverture de l'Atlantique Sud

Abordons maintenant la dernière période du Mésozoïque : le Crétacé ; l'analyse comparée des faunes de

vertébrés de la fin du Crétacé inférieur en Amérique du Sud et en Afrique est également riche d'enseignements.

En 1966, F. de Broin et P. Taquet, de l'Institut de Paléontologie du Muséum, faisaient connaître l'existence d'un gigantesque crocodilien, *Sarcosuchus*, dans le Crétacé inférieur du Niger et du sud de l'Algérie. Un peu plus tard, l'exploitation par P. Taquet du fameux gisement à dinosaures de Gadoufaoua, dans le bassin du Niger, allait lui permettre de mettre au jour des spécimens plus complets et bien conservés de ce crocodile géant. Or, on connaissait par ailleurs depuis le XIXᵉ siècle des restes fragmentaires d'un crocodilien du Crétacé inférieur dans le bassin de Bahia, au nord-est du Brésil. Ces restes, réétudiés par E. Buffetaut, de l'Université de Paris VI, ne lui ont laissé aucun doute : ils se rapportaient eux aussi au genre *Sarcosuchus*. Les ressemblances fauniques entre le bassin du Niger et celui de Bahia ne se limitaient d'ailleurs pas aux seuls crocodiliens, car S. Wenz, du Muséum, allait montrer qu'un poisson du groupe des coelacanthes, *Mawsonia*, est lui aussi

connu dans les deux régions.

Réassemblons l'Amérique du Sud et l'Afrique : nous constatons que le bassin de Bahia vient toucher le bassin du Gabon, riche lui aussi en sédiments du Crétacé inférieur qui contiennent une faune de poissons d'eau douce très proche à la fois de celle du Brésil et de celle du Niger.

Un autre bassin sédimentaire du nord-est du Brésil, celui de Ceara, a livré une faune à peine plus récente que celle de Bahia, comprenant notamment un crocodile, *Araripesuchus*, et une tortue, *Araripemys*. Or, dans le bassin du Niger, le même genre de crocodile a été retrouvé par P. Taquet et E. Buffetaut, et le même genre de tortue a été identifié par F. de Broin.

Toutes les données paléontologiques concordent donc pour indiquer une évidente connexion continentale entre l'Amérique du Sud et l'Afrique à la base du Crétacé, comme en témoignent les faunes que nous venons d'évoquer, dont l'âge est désigné par les géologues sous le nom d'Aptien. Le bassin de Bahia et le bassin du Gabon ne formaient alors qu'un seul et vaste ensemble lacustre, à cheval sur les deux continents. Or, immédiatement après l'Aptien, à l'âge Albien, des couches marines caractérisées par une faune à ammonites vont envahir ce bassin, marquant ainsi l'ouverture de l'Atlantique et par conséquent la rupture entre l'Amérique du Sud et l'Afrique : ainsi, les données de la paléontologie permettent de dater avec finesse la séparation entre les deux continents.

D'autres groupes de vertébrés apportent des informations complémentaires sur les relations entre l'Amérique du Sud et l'Afrique. Un amphibien, *Xenopus*, est connu en Afrique depuis le Crétacé supérieur jusqu'à l'époque actuelle, et, en Amérique du Sud, au début de l'ère Tertiaire. La présence de ce même genre sur les deux continents, alors largement séparés, peut paraître étrange au premier abord. Elle pourrait s'expliquer, selon J.C. Rage, de l'Université de Paris VI, par l'émersion, au Crétacé supérieur, des rides atlantiques de Walvis et du Rio Grande, ce qui reviendrait à admettre – une fois n'est pas coutume ! – l'existence temporaire d'une sorte de pont continental. On ne peut pas exclure que cette même voie ait été empruntée par un serpent de la famille des boas, *Madtsoia*, qu'on trouve en Afrique et à Madagascar au Crétacé supérieur, et en Amérique du Sud au début de l'ère Tertiaire ; il est plus vraisemblable néanmoins, d'après J.C. Rage, d'admettre que la dispersion géographique de *Madtsoia* n'est qu'une conséquence de la fragmentation du Gondwana, d'où sont originaires les premiers représentants de la famille des boas, les boïdés. La répartition de ces boïdés dans le temps et dans l'espace fournit d'autres données intéressantes sur les géographies du passé : vers la fin du Crétacé, ils pénètrent en effet en Amérique du Nord et en Europe, ce qui prouve d'une part qu'une connexion nouvelle s'était établie entre l'Amérique du Sud et l'Amérique du Nord – jusqu'alors séparées par un bras de mer – , et d'autre part que l'Amérique du Nord et l'Europe ne formaient encore qu'un seul ensemble continental.

Bernard Battail,
Dossiers Histoire et Archéologie, n° 102,
Février 1986

La France des dinosaures

« Durant toute l'ère secondaire, la terre de France fut, elle aussi, peuplée de dinosaures : certains gisements en Provence ou en Vendée par exemple se classent même parmi les lieux les plus célèbres de la paléontologie des vertébrés. »

Albert F. de Lapparent

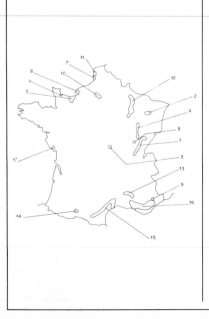

La France est un pays riche en dinosaures. Si les gisements sont loin de posséder l'aspect spectaculaire des grands lieux de fouilles américains, chinois ou africains, il n'en demeure pas moins que plus d'une quarantaine de localités de notre pays ont livré des restes de dinosaures, le plus souvent très fragmentaires mais cependant incontestables. Tous les grands groupes y sont représentés, des prosauropodes du Trias aux hadrosauridés du Crétacé supérieur, à l'exception des cératopsiens, inconnus jusqu'à maintenant en Europe. Mais il s'agit, dans bon nombre de cas, d'os isolés ou plus ou moins mal conservés, et l'attribution à un genre ou une espèce précis est parfois difficile, sinon impossible. Ainsi, de nombreux restes de gros théropodes provenant de localités dont l'âge s'étale du Jurassique moyen au Crétacé supérieur, ont été rassemblés sous le nom de genre Megalosaurus ; l'état actuel de nos connaissances ne permet pas d'éviter cette imprécision, tout en sachant qu'il y a là une erreur manifeste. D'autre part, certains ossements fossiles ont été perdus ou détruits lors de la dernière guerre, et leur détermination est maintenant impossible à vérifier. Sur la carte, ne sont indiqués que les gisements ou concentrations de gisements les plus importants. Mais des restes de dinosaures ont été aussi par le passé signalés par exemple dans la région de Saint-Gaultier (Indre), de Poitiers (Vienne), de La Rochelle (Charente-Maritime) ou d'Alligny-Cosne (Nièvre), tandis que des empreintes étaient découvertes à Chassiron (île d'Oléron), sans qu'il soit toujours possible de vérifier la véracité de ces informations.

Quoi qu'il en soit, presque chaque

année, des équipes du Muséum National d'Histoire Naturelle ou du C.N.R.S. continuent à découvrir de nouveaux gisements... et à mettre à jour de nouveaux dinosaures.

Légendes de la carte

Gisements du Trias

0 - Le gisement d'Airel (Manche) a livré une partie du squelette d'un « cœlurosaure » nommé *Halticosaurus*.

1 - Cette région est célèbre par les prosauropodes qui y ont été découverts, tels que *Plateosaurus* dans le Jura (Salins, Arbois, Poligny, Domblans) et *Thecodontosaurus* dans l'Ain (Le Chappou).

2 - Les prosauropodes *Plateosaurus* et *Thecodontosaurus* sont depuis longtemps connus en Meurthe-et-Moselle, à Lunéville et à Saint-Nicolas-de-Port. Les dents d'un petit « cœlurosaure » ont aussi été trouvées dans la deuxième localité.

3 - Des restes de *Plateosaurus* ont été exhumés près de Pierreclos, en Saône-et-Loire.

4 - Les gisements de Moissey, dans le Jura, de Violot et Provenchères-sur-Meuse dans la Haute-Marne ont livré des ossements de *Plateosaurus*.

Gisements du Jurassique

5-6 - De nombreuses localités fossilifères réparties de part et d'autre de l'embouchure de la Seine (région de Caen, Argens, Villers-sur-Mer, Dives, Honfleur, région du Havre et Pays de Caux) ont depuis très longtemps livré les restes de plusieurs dinosaures : de gros théropodes tels que Megalosaurus, *Piveteausaurus (Streptospondylus)*, de « cœlurosaures » indéterminés, et d'un stégosaure, *Lexovisaurus*.

7 - La région de Boulogne-sur-Mer est célèbre pour les restes de sauropodes, de Mégalosauridés et de « cœlurosaures » qui y ont été trouvés. Des ossements attribués à un ornithopode primitif, *Camptosaurus*, auraient été détruits lors de la dernière guerre.

8 - Les restes d'un gros sauropode, *Bothriospondylus*, et ceux d'un Mégalosauridé ont fait de Damparis, dans le Jura, l'un des plus intéressants gisements de France.

9 - C'est à Canjuers, dans le Var, qu'un squelette complet du petit *Compsognathus* a été mis à jour en 1971, dans des calcaires lithographiques datés de la transition Jurassique-Crétacé.

Gisements du Crétacé inférieur

10 - Le Pays de Bray et la région de Villers-St-Barthélémy (Oise) ont livré des restes de sauropodes.

11 - Les ossements de dinosaures récoltés à Wimereux, dans le Pas-de-Calais, ont été en grande partie attribués à un Mégalosauridé.

12 - Plusieurs gisements de la Meuse (Cousancelles, Ville-sur-Saulx, Louppy-le-Château, Varenne), des Ardennes (Grandpré) et de la Haute-Marne (Wassy) sont connus pour les fossiles de Mégalosauridé (*Erectopus*) et d'Iguanodontidé (*Iguanodon*) qu'ils ont livré. L'attribution d'autres ossements à un ankylosaure nommé *Hylaeosaurus*¹ est plus discutable.

13 - Les restes d'un petit sauropode ont autrefois été récoltés dans les régions de Bédoin et Mondragon (Vaucluse), tandis que récemment des dents de théropode (de la famille des Deinonychosauridés) ont été découvertes près de Fons et de Serviers, dans le Gard.

Gisements du Crétacé supérieur

14 - Un fragment de mandibule d'Hadrosauridé a été récolté il y a une vingtaine d'années près de Saint-Martory, dans la Haute-Garonne.

15 - Le Languedoc est une région connue de longue date pour ses gisements à dinosaures. Villeveyrac, Montpellier, Argelliers, St-Chinian, dans l'Hérault, Albières et Fa, dans l'Aude, pour ne citer que les plus importants, ont libéré les restes de quantité de dinosaures de la fin du Crétacé : l'Iguanodontidé *Rhabdodon*, l'Hadrosauridé *Orthomerus*, les sauropodes *Hypselosaurus* et *Titanosaurus*, l'ankylosaure *Struthiosaurus*, et des théoropodes grands et petits.

16 - Avec ses nombreux gisements, la Provence est l'une des régions les plus célèbres pour ses dinosaures. Quantité de localités du Var et des Bouches-du-Rhône ont permis la récolte d'une faune variée de dinosaures, très comparable à celle du Languedoc (15). De plus, les gisements d'œufs de dinosaures de la région d'Aix-en-Provence sont de renommée mondiale.

Gisement d'empreintes de pas de dinosaures

17 - Le site du Veillon, en Vendée, n'est pas le seul gisement d'empreintes français, mais sûrement le plus spectaculaire à ce jour.

J.G. Michard

Le monde avant la création de l'Homme

Comment faire revivre les mondes disparus ? Comment frapper l'imagination du lecteur ? Dès leur découverte, les dinosaures ont été récupérés par les médias. Les connaissances scientifiques sont encore floues, mais la mise en scène est superbe !

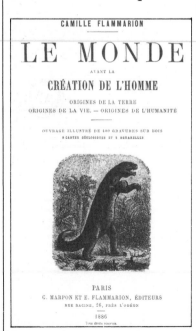

CAMILLE FLAMMARION

LE MONDE

AVANT LA

CRÉATION DE L'HOMME

ORIGINES DE LA TERRE
ORIGINES DE LA VIE. — ORIGINES DE L'HUMANITÉ

OUVRAGE ILLUSTRÉ DE 400 GRAVURES SUR BOIS
8 CARTES GÉOLOGIQUES ET 5 AQUARELLES

PARIS
C. MARPON ET E. FLAMMARION, ÉDITEURS
RUE RACINE, 26, PRÈS L'ODÉON

1886
Tous droits réservés.

En ces temps reculés, Paris sommeillait dans l'inconnu de l'avenir

Une antique forêt avait étendu son manteau sombre sur la France entière, la Belgique et l'Allemagne. La Seine, dix fois plus large que de nos jours, inondait les plaines où la grande capitale développe aujourd'hui ses splendeurs ; des poissons qui n'existent plus se poursuivaient dans ses ondes ; des oiseaux qui n'existent plus chantaient dans les îles ; des reptiles qui n'existent plus circulaient parmi les rochers. Autres espèces animales et végétales, autre température, autres climats, autre monde.

L'iguanosaure et le mégalosaure animaient la solitude des forêts, au sein desquelles des arbres gigantesques, des fougères arborescentes, des sigillaires, des cycadées et mille conifères, élevaient leurs cimes pyramidales, ou arrondissaient leurs dômes de verdure. Des iguanodons, de la forme du kangourou, atteignaient quatorze mètres de longueur : en appuyant leurs pattes sur l'une de nos plus hautes maisons, ils auraient pu manger au balcon d'un cinquième étage... Quelles masses prodigieuses ! Quels animaux et quelles plantes, relativement à notre monde actuel ! Ces êtres fantastiques valent bien ceux que l'imagination humaine a inventés, dans les centaures, les faunes, les griffons, les hamadryades, les chimères, les goules, les vampires, les hydres, les dragons, les cerbères ; et ils sont réels : ils ont vécu, au sein des primitives forêts ; ils ont vu les Alpes, les Pyrénées, sortir lentement de la mer, s'élever au-dessus des nues et redescendre. Ils ont marché dans les avenues ombreuses de fougères et d'araucarias. Paysages grandioses des âges disparus ! Nul regard humain ne

vous a contemplés, nulle oreille n'a compris vos harmonies, nulle pensée n'était éveillée devant vos magiques panoramas. Pendant le jour, le soleil n'éclairait que les combats et les jeux de la vie animale. Pendant la nuit, la lune brillait silencieuse au-dessus du sommeil de la nature inconsciente. [...]

Les monstres primitifs

Parmi les autres sauriens de cette époque, en revanche, les monstres cuirassés, des espèces les plus voraces, se montrent en grand nombre : on les désigne par le nom générique de *gavials* ou *dinosauriens*, comprenant les genres *téléosaure, mégalosaure, hylæosaure, mosasaure* et autres. M. Cotta les appelle « les hauts barons du royaume de Neptune, armés jusqu'aux dents et recouverts d'une impénétrable cuirasse, vrais flibustiers des mers primitives ».

Leur forme était celle des crocodiles, mais plus élancée et plus agile ; la longueur, de 25 à 40 pieds, dont 4 à 6 pour la tête ; la gueule, fendue bien au-delà des oreilles, pouvait avoir jusqu'à six pieds d'ouverture et faire une seule bouchée d'un animal de la taille d'un bœuf ordinaire. L'espèce dite *iguanodon* (qui a servi de type au monstre fabuleux nommé *hydrarchos*), aurait eu, à ce que l'on prétend, jusqu'à 70 à 75 pieds de long, ce qui en faisait une sorte de boa colossal, entièrement cuirassé, à gueule de crocodile.

La plupart de ces monstres ne se distinguent du crocodile du Nil que par leur museau beaucoup plus long et un peu plus étroit ; par là, ainsi que par leurs puissantes défenses en forme de crampons, ils se rapprochent des crocodiles du Gange ou gavials, d'après lesquels on les a nommés ; il ne faut pas croire, cependant, que leur conformation fût absolument la même que celle des gavials de nos jours ; il subsiste toujours des différences considérables, qui ne permettent pas de ranger les animaux antédiluviens dans la même famille que ceux de notre époque.

Les crocodiles du monde primitif étaient couverts d'une carapace formée de fortes écailles osseuses, d'une épaisseur et d'une dureté extraordinaires, les rendant à peu près invulnérables ; leur queue, aplatie dans le sens vertical, faisait l'office d'une puissante rame ; les jambes, courtes, robustes et trapues, étaient peu propres à la natation, mais portaient d'autant mieux sur terre le fardeau de ce corps énorme. Le nombre des dents, garnissant dans toute sa longueur l'immense gueule, était nécessairement très considérable.

Certaines variétés de ces crocodiles

de 40 pieds de long, tels que le *dinosaure*, le *mystriosaure*, etc., avaient les pieds en forme de mains, et il ne serait pas impossible que quelques-unes parmi les empreintes dont nous avons parlé eussent été laissées par eux.

Les dents de l'*iguanodon* peuvent se comparer à des scies aiguisées des deux côtés. Les yeux, ayant le diamètre d'une assiette ordinaire, étaient placés tantôt sur les côtés de la tête, tantôt plus ou moins vers le milieu ; chez le *mystriosaure*, déjà nommé, ils se trouvaient tout à fait rapprochés, et au sommet de la tête.

W.-F.-A. Zimmermann,
*Le monde avant
la création de l'homme*,
Flammarion, 1886

Le musée des mondes perdus

Les documents anatomiques relatifs à tous les animaux que l'œil de l'homme ait pu connaître ou reconstituer depuis l'apparition de la vie sur la planète, comme le résultat des fouilles qui expédient nos mémoires aux époques antédiluviennes et aux empreintes digitales de l'homme préhistorique, ont été accumulés au Jardin des Plantes, le long de la rue de Buffon, non loin de la station du métro d'Austerlitz, station cauchemar, aux spasmes de montagnes russes et qui évoque, autour du Muséum d'Histoire Naturelle, les soubresauts de la Terre, grande mangeuse de fossiles et d'ossements qu'elle ne peut digérer.

Tous ces os d'animaux défunts et pour toujours disparus, tous ces squelettes de géants et de machines, ces thorax de dieux et ces fémurs de locomotives occupent aujourd'hui le plus bel étage de la maison. C'est le genre ameublement du Monde, la galerie des vedettes dans le royaume des phénomènes. [...]

Les dimensions des animaux antédiluviens et les grands escogriffes des temps préhistoriques ont toujours inspiré les humoristes et les beaux-pères que les familles de jeunes mariés traînent le dimanche dans leur sillage. Il ne se passe d'ailleurs pas de semaine que je ne voie au moins deux mammouths et un diplodocus dans les gazettes satiriques américaines où l'on montre infiniment de talent dans le spacieux grotesque. Il ne se passe pas de jour non plus que quelque visiteur ne se livre, devant les vastes thorax d'éléphants, pareils à des garages, aux métaphores traditionnelles que le fantastique inspire à la médiocrité humaine. « Quel tour de taille !... Ah! dis donc, celui-là, quand il vous marchait sur les nougats ?... Et quand il éternuait ?... C'est plus des côtes, c'est des skis !... Des skis? T'es pas fou, c'est des mâts ! etc. » Et la plupart des visiteurs, loin d'être jetés dans l'impression de Création du Monde qui bout encore en cette nostalgie d'ossements, plaisantent pâteusement, la langue lourde, et courent s'emboîter les uns dans les autres dans quelque cinéma sudorifère où triomphe aujourd'hui la métaphysique du médiocre.

Moi et quelques autres nous restons là, devant le *Diplodocus*, à rêver à la taille des herbes qu'il foulait, à la quantité d'oxygène tout frais dont il se gonflait comme un zeppelin – encore qu'il ne s'agisse ici que d'une copie, du fantôme d'un fantôme : le vrai diplodocus, celui de vingt-sept mètres, se trouvant au musée de Pittsburg. Celui de Paris n'est qu'un moulage. Quelques vibrations manquent ainsi, et les âmes douées d'une sensibilité particulière ne se sentent point bombardées par les atomes de présence et de vie dont chaque chose dispose par millions...

Selon certains savants, les diplodocus étaient bêtes comme des camions : nuit et jour ils pataugeaient dans une boue phosphorescente d'où montaient des fusées comestibles... Puis, tout couverts de goémons moirés et de fientes verdâtres, ils s'en allaient galoper sur un gazon ravissant qu'ils ont esquinté, gazon que nous appelons aujourd'hui Montagnes Rocheuses.

Le diplodocus interrogé, scruté, vidé de sa poésie de cathédrale vue aux rayons X, le regard de l'homme d'aujourd'hui, pourtant habitué aux parachutes, viaducs et automitrailleuses, ne se pose pas sans stupeur sur l'*Iguanodon*, dinosaurien du genre lézard. L'*Iguanodon*, au corps de

chalutier, avait une tête de murène ivre au bout d'un tuyau d'arrosage. C'est le genre dévastateur. Dressé sur ses pattes de derrière, l'*Iguanodon* eût pu facilement déguster une douzaine de paniers d'huîtres au balcon d'un sixième étage. Après quoi il eût culbuté la maison comme on plie sa serviette et retourné trois tramways d'un coup de queue, histoire de dépenser un peu de phosphore. Nous avons beau être habitués aux trains « aéro-dynamiques » et aux immeubles de trente étages : ces monstres, qui poussaient comme des arbres au lieu de naître des cerveaux, ces bêtes de plusieurs tonnes descendent au fond de l'émotion et secouent fortement nos vieilles peurs éparses...

Léon-Paul Fargue,
Le Piéton de Paris,
Folio-Gallimard

Poursuivi par un tyrannosaure

Ce fut une promenade extraordinaire dont je conserverai le souvenir jusqu'à mon dernier jour. Lorsque je rencontrais des clairières baignées de lune, je les contournais en rampant dans l'ombre. Dans la jungle je marchais presque à quatre pattes, et stoppais le cœur battant quand j'entendais des bruits de branches cassées que provoquait sans doute le passage de grosses bêtes. De temps à autre, de grandes silhouettes surgissaient indistinctement dans la nuit et disparaissaient : des silhouettes massives, silencieuses, qui rôdaient pour leur chasse sans faire de bruit. Le nombre de fois où je m'arrêtai pour me répéter qu'aller plus avant serait une folie est incalculable. Cependant l'orgueil l'emporta sur la peur, et chaque fois je repartis en avant pour atteindre mon but. [...]

J'avais atteint un point qui devait se trouver à mi-distance du camp quand un bruit bizarre derrière moi me ramena à ma situation présente. C'était quelque chose qui tenait l'intermédiaire entre un ronflement et un grognement : profond, grave, très menaçant. Il y avait assurément une bête non loin de moi, mais je ne vis rien, et je me hâtai d'avancer. J'avais franchi près d'un kilomètre quand brusquement le bruit se répéta : encore derrière moi, mais plus fort et plus redoutable. Mon cœur s'affola quand je réfléchis que cette bête, quelle qu'elle fût, me suivait. Ma peau se glaça, et mes cheveux se hérissèrent. Certes j'acceptais volontiers l'hypothèse que ces monstres se déchirassent pour obéir à la dure lutte pour la vie ; mais la perspective qu'ils risquassent de se tourner contre l'homme moderne, de le poursuivre et de le pourchasser était beaucoup moins réconfortante. Je me rappelai à nouveau le mufle bavant le sang qu'avait éclairé la torche de Lord John... Mes genoux ployaient sous moi et tremblaient. Je m'arrêtai cependant, et fis face. Mon regard descendit le long du sentier que la lune éclairait : tout était aussi tranquille que dans un paysage de rêves. Des éclaircies argentées, les taches sombres des arbustes... je ne distinguai rien d'autre. Puis une fois encore retentit ce grognement de gorge, beaucoup plus fort, beaucoup plus proche qu'auparavant. Plus de doute : une bête était sur ma trace, et se rapprochait de moi !

Je demeurai comme un homme paralysé, les yeux fixés sur le terrain que j'avais franchi. Puis tout à coup, je LA vis. A l'extrémité de la clairière que je venais de traverser les buissons remuaient ; une grande ombre foncée se dégagea pour sautiller à cloche-pied au clair de lune. Je dis « sautiller à cloche-pied » volontairement, car la bête se déplaçait comme un kangourou, sautant sur ses puissantes pattes postérieures et se tenant dressée verticalement, tandis qu'elle recourbait ses pattes antérieures devant elle. Elle était d'une taille énorme : aussi grande qu'un éléphant dressé. Ce qui ne l'empêchait pas de se mouvoir avec une grande agilité. Pendant un moment, je la pris pour un iguanodon étant donné

son aspect formidable, et je me rassurai car je savais les iguanodons inoffensifs. Mais, tout ignorant que je fusse, je compris vite qu'il s'agissait d'un animal différent. Au lieu de la tête gentille, semblable à celle d'un daim, du grand mangeur de feuilles à trois doigts, cette bête possédait une tête large, trapue, qui rappelait le crapaud et la bête qui nous avait alarmés dans notre campement. Son cri féroce et l'acharnement qu'elle avait mis à me suivre m'indiquaient plutôt qu'elle appartenait à l'espèce des grands dinosaures carnivores, les animaux les plus terribles qui aient jamais erré sur cette terre. Ce monstre énorme poursuivait ses bonds, baissait périodiquement ses pattes antérieures et promenait son nez sur le sol tous les vingt mètres à peu près. Elle flairait ma trace. Parfois elle se trompait. Mais elle la retrouvait vite et continuait d'avancer dans ma direction par petits bonds.

Même aujourd'hui, quand je revis cette scène, la sueur perle à mes tempes. Que pouvais-je faire ? J'avais à la main mon arme pour gibier d'eau... Désespérément je cherchai du regard un rocher ou un arbre, mais j'étais dans une jungle broussailleuse, et d'ailleurs je savais que la bête pouvait arracher un arbre aussi facilement qu'un roseau. Ma seule chance résidait dans la fuite. Mais comment courir vite sur ce sol inégal, rude ? J'aperçus juste devant moi une piste bien dessinée, dont la terre était dure. Pendant nos expéditions nous en avions vu de semblables : c'était celles qu'empruntaient les bêtes sauvages. Peut-être là parviendrais-je à m'en tirer, car j'étais un coureur rapide dans une bonne condition physique. Je me débarrassai de mon fusil de chasse, et je

courus le plus beau huit cents mètres de ma vie. Mes muscles étaient douloureux, j'étais à bout de souffle, il me semblait que mon gosier allait se rompre par manque d'air, et pourtant, sachant quelle horreur me pourchassait, je courus, courus, courus... Enfin je m'arrêtai, incapable de faire un pas de plus. Pendant quelques instants je crus que je l'avais semée. La piste s'étendait derrière moi, et je ne voyais rien. Puis tout à coup, dans un craquement et un déchirement terribles, le bruit sourd des foulées de cette bête géante ainsi que le halètement de poumons monstrueux rompirent le silence. Elle était sur mes talons, elle bondissait de plus en plus vite. J'étais perdu.

Fou que j'avais été de lambiner avant de fuir ! Lorsqu'elle ne m'avait pas encore vu, elle m'avait pisté à l'odeur, et elle s'était déplacée avec une certaine lenteur. Elle m'avait vu quand j'avais commencé de courir ; à partir de ce moment-là elle m'avait chassé à vue, car la piste lui avait indiqué par où j'avais bifurqué... Elle contourna un virage en sautillant avec une vélocité extraordinaire. Ses yeux saillants, immenses, brillaient sous la lumière de la lune ; ses énormes dents bien rangées se détachaient dans la gueule ouverte. Je poussai un cri de terreur et recommençai à dévaler la piste. Derrière moi le souffle de la bête se rapprochait ; je l'entendais de mieux en mieux. Sa foulée courait maintenant presque dans la mienne. A tout moment je m'attendais à sentir sa poigne s'abattre sur mon dos. Et puis soudain je tombai... Mais je tombai dans le vide ; tout autour de moi n'était plus qu'obscurité et silence.

Lorsque j'émergeai de l'inconscience (mon évanouissement n'avait pas duré sans doute plus de quelques minutes) je fus assailli par une odeur aussi pénétrante qu'atroce. J'avançai une main dans le noir et elle rencontra un gros morceau de chair, tandis que mon autre main se refermait sur un os de bonne taille. Au-dessus de ma tête se dessinait un cercle de ciel plein d'étoiles, dont la lumière obscure me montra que je gisais au fond d'une fosse. Avec lenteur je me mis debout et je me sentis contusionné de partout : j'avais mal de la tête aux pieds, mais mes membres remuaient, mes jointures fonctionnaient. Les circonstances de ma chute me revinrent confusément en mémoire ; alors je levai les yeux, redoutant avec terreur d'apercevoir la terrible tête de la bête se profiler sous le ciel blafard. Mais je ne vis et n'entendis rien. Je me mis en demeure de faire le tour de ma fosse, pour découvrir ce que pouvait contenir ce lieu où j'avais été précipité si opportunément.

Le fond avait sept ou huit mètres de large ; les parois étaient verticales. De grands lambeaux de chair, ou plutôt de charogne tant leur putréfaction était avancée, recouvraient presque complètement le sol et dégageaient une odeur abominable. Après avoir trébuché contre ces immondices, je heurtai quelque chose de dur : c'était un piquet qui était solidement enfoncé au centre de la fosse. Il était si haut que ma main ne put ne atteindre le bout, et il me sembla couvert de graisse.

Je me souvins que j'avais dans ma poche une boîte d'allumettes-bougies. J'en frottai une et je pus me faire une opinion précise sur l'endroit où j'étais tombé. Je me trouvais bel et bien dans une trappe, et dans une trappe aménagée de main d'homme. Le poteau du milieu, qui avait trois mètres de long, était taillé en pointe à son extrémité supérieure, et noirci par le

sang croupi des animaux qui s'y étaient empalés. Les débris éparpillés tout autour étaient des lambeaux des bêtes qui avaient été découpées afin que le pieu fût libéré pour une prochaine prise au piège. Je me rappelai que Challenger avait affirmé que l'homme n'aurait pas survécu sur ce plateau, étant donné les faibles armes dont il disposait contre les monstres qui l'habitaient. Mais maintenant il était évident qu'il avait pu survivre ! Dans leurs cavernes à orifices étroits les indigènes, quels qu'ils fussent, avaient des refuges où les gros sauriens étaient incapables de pénétrer ;

TWENTIETH CENTURY-FOX présent

COULEUR DE LUXE

Production IRWIN ALL Scénario : IRWIN ALLEN

MICHAEL RENNIE · JILL ST. JOHN

DE VER

et leurs cerveaux évolués avaient eu l'idée d'établir des trappes recouvertes de branchages en plein milieu des pistes fréquentées par les bêtes féroces ; de celles-ci la force et la violence se trouvaient donc vaincues.

La paroi n'était pas en pente si raide qu'un homme agile ne pût l'escalader. Mais j'hésitai longtemps avant de me risquer : n'allais-je pas retomber dans les pattes de l'ignoble bête qui m'avait poursuivi ? N'était-elle pas tapie derrière quelque fourré, guettant une proie qui ne pouvait manquer de reparaître ? Je repris courage cependant, en me remémorant une discussion entre Challenger et Summerlee sur les habitudes des grands sauriens. Tous deux étaient tombés d'accord pour affirmer qu'ils n'étaient pas intelligents, que dans leurs cervelles minuscules il n'y avait pas de place pour la raison et la logique, et que s'ils avaient disparu du reste du monde, c'était surtout à cause de leur stupidité congénitale qui les avait empêchés de s'adapter à de nouvelles conditions d'existence.

Arthur Conan Doyle,
Le Monde perdu,
Gallimard, 1978

Réseau dinosaure

Fouiller le sol à la recherche de dinosaures fossiles et découvrir l'un d'eux tué par balle 75 millions d'années plus tôt, voilà de quoi bouleverser l'univers de paisibles paléontologues ! Mais la solution du problème n'est pas vraiment scientifique...

BRUSQUEMENT...

Le décor : Georges Barnier est un éminent paléontologue, docteur ès sciences, conservateur au Muséum d'Histoire Naturelle d'Aix-en-Provence. Marc Audibert est son assistant, très intelligent mais timide et peu loquace. L'été les deux hommes taquinent le dinosaure au pied de la montagne Sainte-Victoire, dans la propriété du comte d'Harmelins, grand ami de Barnier. Jusqu'à maintenant tout va bien, mais voilà qu'une découverte pour le moins étrange bouleverse les deux hommes : un crâne humain fossilisé datant de 75 millions d'années. Et ce n'est qu'un début.

Le comte d'Harmelins n'avait jamais vu son ami dans un tel état d'hébétude.

— Voyons, Barnier, chercha-t-il à le raisonner, ne te laisse donc pas impressionner de la sorte. Tu l'as dit toi-même : il ne peut s'agir là que d'étrange concours de circonstances. Vous êtes partis sur des données fausses et...

Barnier ramassa le lourd crâne rougeâtre et le brandit à bout de bras en jetant avec hargne :

— Tu peux le dire ! Nous avons basé nos conclusions sur des données fausses, fausses parce que, d'emblée, nous savions que les hominiens ne pouvaient exister au secondaire et, par conséquent, que ce squelette ne pouvait être que celui d'un de nos contemporains ! Or, cette certitude nous a rendus aveugles au point de n'avoir pas reconnu l'état de fossilisation de ce crâne ! Car il *est* fossilisé, d'Harmelins, il est fossilisé !

« Regarde-le attentivement. Les os et l'argile rutilante sont si intimement mêlés qu'ils ne font plus qu'un bloc compact. Obnubilés par la relativement faible antiquité de l'homme, nous avons dès l'abord rejeté l'idée qu'il puisse en être autrement et nous avons catalogué subito ce squelette dans la catégorie de l'homme moderne. Cette certitude aprioriste nous a interdit d'envisager la vérité, de reconnaître l'évidence. Pourtant, en toute objectivité, nous devons admettre que ce crâne est un crâne fossile, un crâne d'homme *moderne* qui vécut il y a soixante-quinze millions d'années !

Il se retourna avec une certaine brusquerie pour interroger son assistant qui sursauta :

– Vous ne dites rien ? Vous croyez que je radote ?

– Certes, non ! répliqua-t-il vivement. Je me tiens depuis un bon moment déjà le même raisonnement... mais je n'ai pas osé vous en faire part. C'est... tellement renversant !

– Alors, intervint le brigadier Faugeas, les sourcils rapprochés et le front ridé par l'effort intellectuel, on prévient le Parquet ?

– Le... le Parquet ? hoqueta Barnier. Pour la découverte d'un homme mort il y a soixante-quinze millions d'années ? Vous voulez rire !

– Alors, comme ça, vous nous dérangez pour rien ? s'énerva-t-il. Si *vous*, vous n'êtes pas foutu de reconnaître un homme préhistorique d'un homme mort à la Libération, c'est la fin de tout ?

– Épargnez-nous vos sarcasmes, brigadier ! s'indigna le jeune Audibert, aussi troublé que son maître, si vous ne pouvez concevoir quelle extraordinaire émotion est la nôtre devant la découverte d'un homme moderne – vous entendez bien ? – MODERNE, fossilisé en même temps que cet *Hypselosaurus* vieux de sept cent cinquante mille siècles !

– Bon, si vous êtes sûrs que l'affaire ne relève pas de la Justice, on s'en va, déclara simplement le brigadier en prenant congé avec ses hommes. Mais, la prochaine fois, ne nous dérangez pas pour si peu de chose.

Tandis qu'ils s'éloignaient, sur le chemin pierreux menant à la route du Tholonet à Aix-en-Provence, le conservateur du muséum gémit :

– Pour si peu de chose ! Ce pandore qualifie de « si peu de chose » la plus effarante énigme paléontologique de tous les temps !

Le comte d'Harmelins fit une moue dubitative :

– Qu'il ait existé des hommes identiques à nous à cette époque reculée, je l'admets déjà difficilement, en dépit de l'évidence de ce squelette. Mais les balles, Barnier, les balles énormes et de deux calibres différents découvertes parmi les ossements, comment expliques-tu leur présence ? Devrions-nous prêter à ces hommes du secondaire une civilisation technique supérieure à la nôtre ? Auraient-ils possédé des armes à répétition et...

– Ridicule ! d'Harmelins, tu le sais fort bien. Si l'homme du secondaire – appelons-le ainsi jusqu'à plus ample informé – avait connu une pareille civilisation, nous aurions dû, depuis que l'on fouille la Terre, découvrir des vestiges de sa... technologie. Or, les vestiges des premiers hominiens qui remontent à trois millions d'années se résument à de simples ossements. Même en admettant que les cataclysmes naturels des ères géologiques aient détruit de fond en comble cette hypothétique civilisation, nous aurions dû – puisque ces balles sont demeurées intactes – recueillir bien d'autres objets, détériorés ou réduits en miettes, attestant l'existence de ce peuple d'une intelligence si élevée. Il n'en est rien.

– Alors, creusons, railla le châtelain, en roulant les « r » comme le gendarme

Sarceli. Je vais vous donner un coup de main.

— Les ossements de l'*Hypselosaurus* semblent alignés et répartis en direction de ces rochers, à une douzaine de mètres, montra Audibert. Avec votre aide, monsieur d'Harmelins, nous aurons d'ici ce soir délimité les contours généraux du squelette à défaut d'avoir pu complètement le mettre à jour.

L'absence d'arbres et de buissons facilita leur tâche, outre le fait que le terrain se composait d'argile, dure, mais évidemment moins résistante que la roche. A dix-sept heures, ils avaient effectivement pu circonscrire l'emplacement où s'étendaient les ossements plus ou moins épars de l'*Hypselosaurus*. La tête de la monstrueuse créature – tête ridiculement petite au sommet d'un long cou – se trouvait au pied même d'une barre rocheuse, haute à peine de trente mètres, tous premiers escarpements de la montagne Sainte-Victoire.

— Ce reptile géant à cervelle d'oiseau est venu mourir au pied de ce rocher, constata Marc Audibert en désignant le crâne allongé ne dépassant pas soixante-dix centimètres et dont le nez touchait presque le roc.

A l'aide des pics recourbés, ils grattèrent les couches d'argile rouge recouvrant le crâne, opérant prudemment pour n'enlever, sur place, que des fragments ou plaques facilement détachables. Les travaux plus délicats et, notamment le « nettoyage », s'effectuaient plus tard.

— Sapristi ! s'écria le comte d'Harmelins. Regardez donc *ça* !

Adhérant faiblement, un morceau d'argile venait de se fendre et tomber, laissant voir l'os pariétal de l'*Hypselosaurus*, un os fossilisé portant deux trous parfaitement ronds, à quinze centimètres l'un de l'autre et d'un diamètre de trois ou quatre centimètres environ.

— Serait-ce... ?

Barnier n'osa point terminer sa phrase, mais son assistant eut le courage d'avancer :

— Des orifices laissés par des projectiles ? Ça m'en a tout l'air ! Pour ne point trop abîmer l'os fossilisé, essayons de gratter en profondeur dans ces orifices...

Ils enlevèrent précautionneusement, avec la pointe d'un pic, l'argile qui obstruait les deux orifices et, à l'aide d'un pinceau à queue de morue, chassèrent les granules et la poussière

rougeâtre. Une petite surface métallique ronde apparut, au fond des trous.

— Plus de doute, ce sont bien d'énormes balles, du même calibre que celle que nous avons trouvée enfoncée dans une vertèbre caudale !

— La plaque d'argile qui recouvrait cet os était *intacte*, vous l'avez vu, fit remarquer d'Harmelins. Ces balles auraient donc pénétré dans la tête du monstre *avant* sa fossilisation ?... De son vivant, pourrions-nous dire !

— Cela signifierait donc que cet *Hypselosaurus* a été... *tué par ces projectiles* ? Nous nageons en pleine histoire de fous, c'est bien ce que je disais ! sacra le conservateur du Muséum. Vous me voyez, adressant à l'Académie des Sciences une note commençant ainsi : *De l'étude d'un Hypselosaurus priscus abattu à la mitrailleuse lourde au cours du secondaire supérieur* !

Jimmy Guieu,
Réseau dinosaure,
Plon, 1980

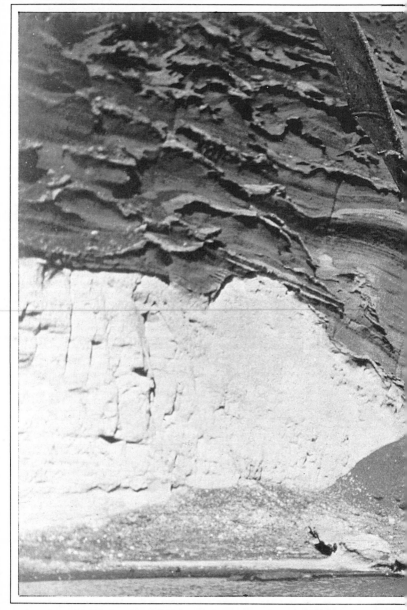

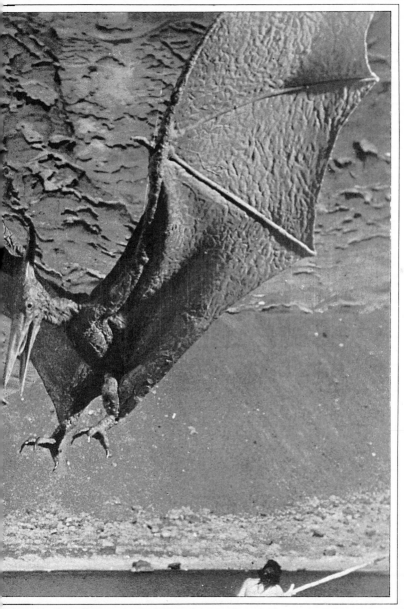

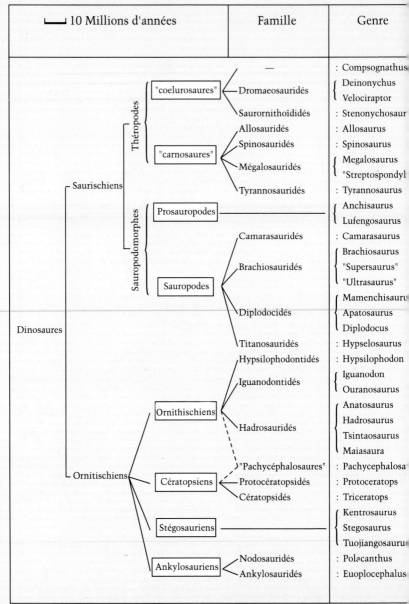

⊢—⊣ 10 Millions d'années	Famille	Genre

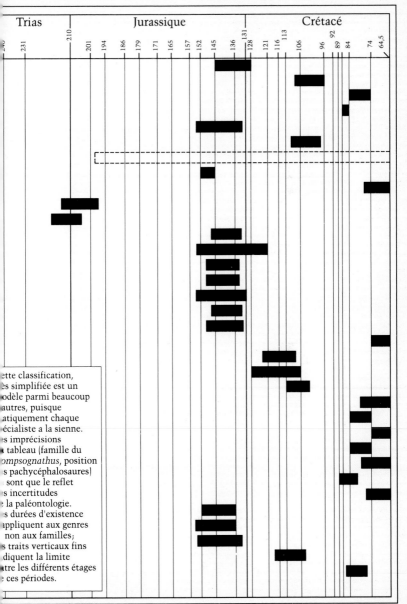

ette classification,
es simplifiée est un
odèle parmi beaucoup
autres, puisque
atiquement chaque
écialiste a la sienne.
es imprécisions
tableau (famille du
ompsognathus, position
s pachycéphalosaures)
sont que le reflet
s incertitudes
la paléontologie.
s durées d'existence
appliquent aux genres
non aux familles;
s traits verticaux fins
diquent la limite
tre les différents étages
ces périodes.

BIBLIOGRAPHIE

Ouvrages généraux

Benton M., *Tout sur les dinosaures*, Pélican, 1986.

Bonaparte J.-F., Colbert E.-H. et coll., *Sulle orme dei dinosauri*, Erizzo, Venise, 1984.

Buffetaut E. et Hublin J.-J., *Les animaux préhistoriques et leurs secrets*, Nathan, coll. Questions-Réponses, Paris 1985.

Burton J. et Dixon D., *Le temps des dinosaures*, Seghers, 1985.

Charig A., *A new look at the dinosaurs*, British Museum (Natural History), Londres, 1979.

Gayrard-Valy Y., *Les fossiles, empreinte des mondes disparus*, Gallimard, 1987.

Ginsburg L., *Les vertébrés, ces méconnus, 600 millions d'années d'évolution des origines à l'homme*, Hachette, 1979.

Halstead L.B., *Dinosaures*, Nathan, 1976.

Lambert D., *Guide complet des dinosaures*, Larousse, 1986.

Ligabue G., Pinna G., et coll., *I dinosauri del Teneré*, Longanesi, Milan, 1972.

Mazin J.-M., *Au temps des dinosaures*, Nathan, coll. Monde en poche, 1983.

Mazin J.-M., *Ce que l'on sait vraiment des dinosaures*, Le Rocher, coll. Science et découvertes, Monaco, 1986.

Norman D., *The illustrated encyclopedia of dinosaurs*, Salamander, Londres, 1985.

Norman D. et Milner A., *Le temps des dinosaures*, Gallimard, coll. Les yeux de la découverte, 1989.

Pinna G., *L'histoire de la vie, fossiles, témoins de 4 milliards d'années*, Hatier, 1983.

Rojdestvensky A., *Chasse aux dinosaures dans le désert de Gobi*, Arthème Fayard, 1960.

Stout W. et Service W., *Les Dinosaures*, Albin Michel, 1982.

Tweedie M., *Le monde des dinosaures*, Tallandier, 1978.

Varin J.-Ph., *Histoires de préhistoire*, Herscher, 1980.

Ouvrages spécialisés

Auboin J., Brousse R. et Lehman J.-P., *Précis de géologie*, tome 2., *Paléontologie et stratigraphie*, Dunod, 1967 (Bordas, Paris, 1975).

Bakker R., *The dinosaurs heresies, a revolutionary view of dinosaurs*, Longman, Harlow, 1986.

Beaumont G. (de), *Guide des vertébrés fossiles*, Delachaux et Niestlé, Neuchâtel, 1971.

Bird R.T., *Bones for Barnum Brown, Adventures of a dinosaur hunter*, Texas Christian University Press, Austin, 1985.

Casier E., *Les Iguanodons de Bernissart*, Institut royal des Sciences naturelles de Belgique, Bruxelles, 1978.

Desmond A.-J., *The hot-blooded dinosaurs*, Blonds and Briggs, Londres, 1975.

Dong Zhiming, *Dinosaurs from China*, British Museum (Natural History), China Ocean Press, Londres-Pékin, 1988.

Colbert E.H., *The great dinosaur hunters and their discoveries*, Dover Publications Inc., New York, 1984.

Collectif, *Dinosaurs past and present*, tomes 1 et 2, Natural History Museum of Los Angeles County and University of Washington Press, Los Angeles and Seattle, 1987.

Collectif, *Traité de paléontologie*, publié sous la direction de J. Piveteau, tome 5, Masson, 1950.

Glut, D.F., *The new dinosaur dictionary*, Citadel Press, Secaucus, 1982.

Hallam A., *Une révolution dans les sciences de la Terre (de la dérive des continents à la tectonique des plaques)*, Seuil, coll. Points sciences, 1976.

Piveteau J., Lehman J.-P., et Dechaseaux C., *Précis de paléontologie des vertébrés*, Masson, 1978.

Pomerol C., *Ere mésozoïque, stratigraphie et paléogéographie*, Doin, 1975.

Romer A.S., *Vertebrate paleontology*, University Chicago Press, 1966.

Schwarzbach M., *Wegener, le père de la dérive des continents*, Belin, coll. Un savant, une époque, 1985.

Stell R., *Encyclopedia of paleoherpetology*, tomes 14 (*Saurischial*) et 15 (*Ornithischia*), Stuttgart and Portland, 1969-1970.

MUSÉOGRAPHIE

Afrique

Maroc
The Museum of Earth Sciences, Rabat

Niger
Musée National du Niger,
B.P. N° 248,
Niamey

Afrique du Sud
Bernard Price Institute of Palaeontology,
University of Witwatersrand, Jan Smuts Avenue, Johannesburg 2001,
South African Museum
PO Box 61,
Cape Town,
South Africa 8000

Zimbabwe
National Museum of Zimbabwe, Harare

Amériques

Argentine
Museo Argentino de Ciencias Naturales,
Av. Angel Gallardo 470,
1405 Buenos Aires

Brésil
Museu Nacional,
20942 Quinto da Boa Vista,
São Cristovao,
Rio de Janeiro 20940

Canada
Dinosaur Provincial Park,
Patricia, Alberta
National Museum of Natural Sciences,
Ottawa, Ontario KA1 OM8
Provincial Museum of Alberta, 12845 102 Avenue Edmonton, Alberta T5N OM6
Redpath Museum,
McGill University,
859 Sherbrook Street West, Quebec H3A 2K6
Royal Ontario Museum Toronto, Ontario M5S 2C6
Tyrrell Museum of Palaeontology, PO Box 7500, Drumheller
Zoological Gardens Calgary, Alberta

Mexique
Natural History Museum, Mexico City

U.S.A.
Academy of Natural Sciences, Logan Square, Philadelphia, Pennsylvania 19103
American Museum of Natural History,
Central Park West/79th St, New York, New York 10024
Amherst College
Pratt Museum,
Amherst,
Massachusetts 01002
Buffalo Museum of Science,
Buffalo,
New York
Carnegie Museum of Natural History,
4400 Forbes Avenue, Pittsburgh, Pennsylvania 15213
Denver Museum of Natural History,
City Park, Denver, Colorado 80205
Cleveland Museum of Natural History,
Wade Oval, University Circle, Cleveland, Ohio 44106
Dinosaur National Monument,
PO Box 128,
Jensen,
Utah 84035
Earth Sciences Museum,
Brigham Young University,
Provo, Utah 84602
Field Museum of Natural History,
Roosevelt Road at Lake Shore Drive, Chicago, Illinois 60605
Forth Worth Museum of Science,
1501 Montgomery Street,
Forth Worth,
Texas 76107
Houston Museum of Natural Science,
Houston, Texas
Los Angeles County Museum, 900 Exposition Boulevard, Los Angeles, California 90007
Museum of Comparative Zoology,
Harvard University, Cambridge,
Massachusetts 02138

Museum of Northern Arizona,
Box 720,
Flagstaff, Arizona 86001
Museum of Palaeontology,
University of California,
Berkeley,
California 94720
Museum of the Rockies,
Montana State University,
Bozeman,
Montana 59715
National Museum of Natural History,
Smithsonian Institution,
Washington D.C. 20560
Peabody Museum of Natural History,
Yale University,
170 Whitney Avenue,
PO Box 6666,
New Haven,
Connecticut 06511
University of Michigan Exhibit Museum,
Alexander G, Ruthven Museums,
1109 Geddes Avenue,
Ann Arbor,
Michigan 48109
University of Wyoming
Geological Museum,
Box 3254,
Laramie,
Wyoming 82071
Utah Museum of Natural History,
University of Utah,
Salt Lake City,
Utah 84112

Asie et Australie

Australie
Australian Museum,
PO Box A 285,
Sidney,
New South Wales 2000
Queensland Museum,
Gregory Terrace,
Fortitude Valley,
Queensland 4006

Chine
Beipei Museum,
Beipei,
Sichuan Province
**Institute of Vertebrate
Palaeontology and
Palaeoanthropology,**
PO Box 643,
Beijing

Inde
Geology Studies Unit,
Indian Statistical Institute,
Calcutta

Japon
National Science Museum,
Tokyo
Permanent display includes

Mongolie
Mongolian Academy of Sciences,
Geological Institue,
Ulan Bator

Europe

Autriche
Natural History Museum,
Vienna

Belgique
Bernissart Museum,
Bernissart,
Hainaut
**Institut Royal des Sciences Naturelles de
Belgique,**
Rue Vautier 29,
B-1040 Brussels

RFA
**Bavarian State Collection for Palaeontology
and Historical Geology,**
Richard-Wagner-Strasse 10/2,
8000 Munich 2
Geological and Palaeontological Institute,
University of Münster,
Pferdegasse 3,
D4400Münster
**Institute and Museum of Geology and
Palaeontology,**
University of Tübingen,
Sigwartstrasse 10
7400 Tübingen 1
Senckenberg Nature Museum,
Forschungsinstitut Senckenberg,
Senckenberganlage 25,
6000 Frankfurt 1
State Museum for Natural History,
Arsenalplatz 3,
D7140 Ludwigsburg 1

France
Museum National d'Histoire Naturelle,
Institut de Paléontologie,
8, rue Buffon,
F-75005 Paris

RDA
Natural History Museum,
Humboldt University,
Unter den Linden 6,
108 Berlin

Italie
Museo Civico di Storia Naturale di Venezia,

S, Croce 1730,
30125 Venice

Pologne
Dinosaur Park,
Chrozow,
Silesia
Institute of Palaeobiology,
Al Zwirki I Wigury 93,
02-089 Warsaw

Suède
Palaeontological Museum,
Uppsala University,
PO Box 256,
751 05 Uppsala

Royaume-Uni
Birmingham Museum,
Dept of Natural History
Chamberlain Square,
Birmingham B3 3DH
Bristish Museum
(Natural History),
Cromwell Road,
London SW7 5BD
Cristal Palace Park,
Sydenham,
London SE20
The Dinosaur Museum,
Icen Way,

Dorchester,
Dorset DT1 IEW
Hunterian Museum,
The University,
Glasgow G12 8QQ
The Leicestershire Museums,
96 New Walk,
Leicester LE1 6TD
Museum of Isle of Wight Geology,
Sandown Library,
High Street,
Sandown
Isle of Wight PO 36 8AF
Royal Scottish Museum,
Chambers Street,
Edinburgh EH1 1JF
Sedgwick Museum,
Cambridge University,
Downing Street,
Cambridge CB2 3EQ
University Museum,
Parks Road,
Oxford OX1 3PW

URSS
Central Geological and Prospecting Museum,
Leningrad
Palaeontological Institute,
Academy of Sciences,
Profsoyuznaya 113,
Moscow 117321

TABLE DES ILLUSTRATIONS

INDEX

CRÉDITS PHOTOGRAPHIQUES

American Museum of Natural History, New York, 36b ; 37b ; 37b ; 42-43 ; 51b ; 67. Archiv für Kunst und Geschichte, Berlin, 118-119 ; 120-121 ; J.-M. Barrat 99. Bayer Staatsslg. für Palaeot. u Hist. Geo, Munich, 14h. Bibl. nat., Paris, 24 ; 25h ; 25b ; 29h ; 31b ; 96. British Museum (Natural History), Londres, 31h ; 70 ; 73. Charmet, Paris, 12. Cinestar, Paris, 130-131 ; 132-133. Dagli Orti, Paris, 15. Dinosaur National Monument, Colorado, 101b ; 105 ; 107. D. R 18-19 ; 41 ; 48b ; 75 ; 116 ; 117 ; 124-125. Field Museum of Natural History, Chicago, 16b. Fovéa, Paris, 60m. Gamma, Paris, 91bd ; 100 ; 100-101 ; 101h ; 102mg ; 102bg. Graphische Sammlung Albertina, Vienne, 82b. Mark Hallett, 68-69 ; 76-77 ; 91. Institut royal des Sciences Naturelles de Belgique, Bruxelles, 38b ; 39. Jacana, Paris, 21h ; 62 ; 64h ; 79h ; 80b ; 81 ; 82h ; 86h ; 87m. Keystone, Paris, 62-63 ; 66h ; 122. Editions du Lombard, Paris, 126 ; 128 ; 129. Magnum, Paris, 90h, Mary Evans, Londres, 30. Michard, 50hd ; 51hg ; 78hg ; 78hd ; 98. Musée national des Sciences naturelles, Ottawa, 11 ; 13 ; 21b ; 23 ; 36h ; 44bg ; 44bd ; 45bg ; 45bd ; 46 ; 47 ; 54-55 ; 56-57 ; 58-59 ; 84 ; 88-89 ; 92-93 ; 94-95 ; 104. Museo di Storia naturale, Venise, 49 ; 110-111 ; 113h ; 113bg ; 113hd. Museum fur Naturkunde, Berlin-est, 83. Muséum national dHistoire naturelle, Paris 16h ; 17 ; 20 ; 22 ; 26h ; 26 ; 28hg ; 28b ; 29h ; 32-33. 34h ; 35hd ; 35bd ; 40h ; 52bd ; 52b ; 53 ; 61 ; 63h ; 64b ; 71 ; 74h ; 74b ; 78b ; 79m ; 80h ; 85 ; 86m ; 86b ; 87h. Peabody museum, Yale University, New Haven, ouverture ; 34 ; 35. Polska Akademia Nank, Varsovie, 66b. Rapho, Paris, 60h ; 102hg ; 108. Roger-Viollet, Paris, 97 ; 102-103. Serrette, 26h ; 27h ; 27b ; 52 ; 65 ; 72 ; 80 Paris Sygma, Paris, 40b.

TABLE DES MATIÈRES

COLLABORATEURS EXTÉRIEURS

Maquette : Guylaine Moi, correction : Béatrice Peyret-Vignals, iconographie : Anne Soto.

REMERCIEMENTS

Nous remercions Mme Hélène Brisson du Musée National des Sciences Naturelles d'Ottawa et M. Ligabue du Musée civique d'Histoire Naturelle de Venise pour l'aide qu'ils nous ont apportée dans la réalisation de cet ouvrage.